BOMBEROS

Libro Para Colorear Para Las Mujeres

Coloring Bandit

Publicado por Speedy Publishing Canada Limited

COLORING BANDIT

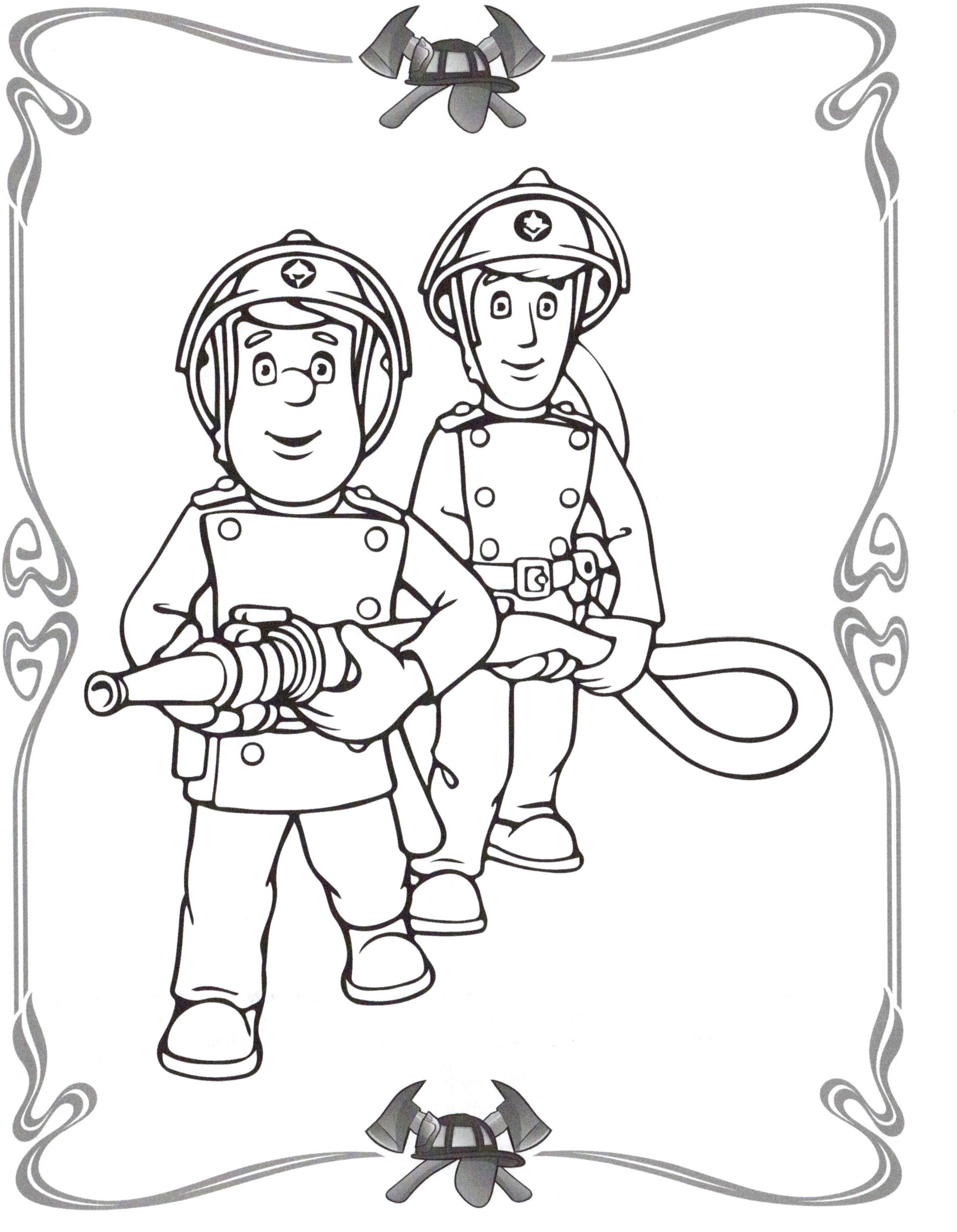

Se trata de un sangrado a través de la página si está usando un colorante marcador o pluma!

Encontrar otros títulos grandes por busca de Bandido Para Colorear en tu favorito libro minorista

Amazon.Ca | Barnes & Noble (BN.Com) | Libros 1 Millón (BAM.Com)

COLORING BANDIT

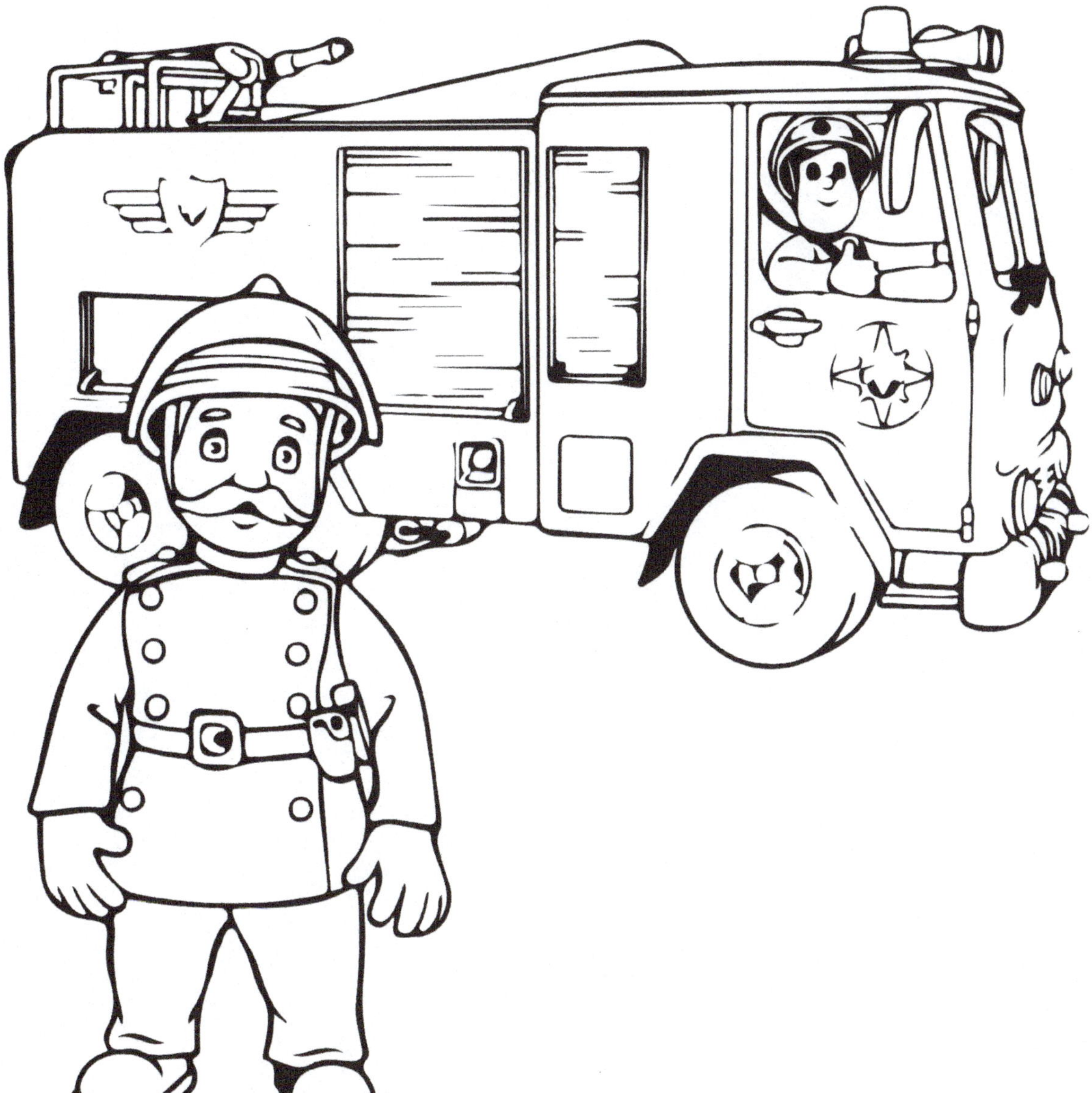

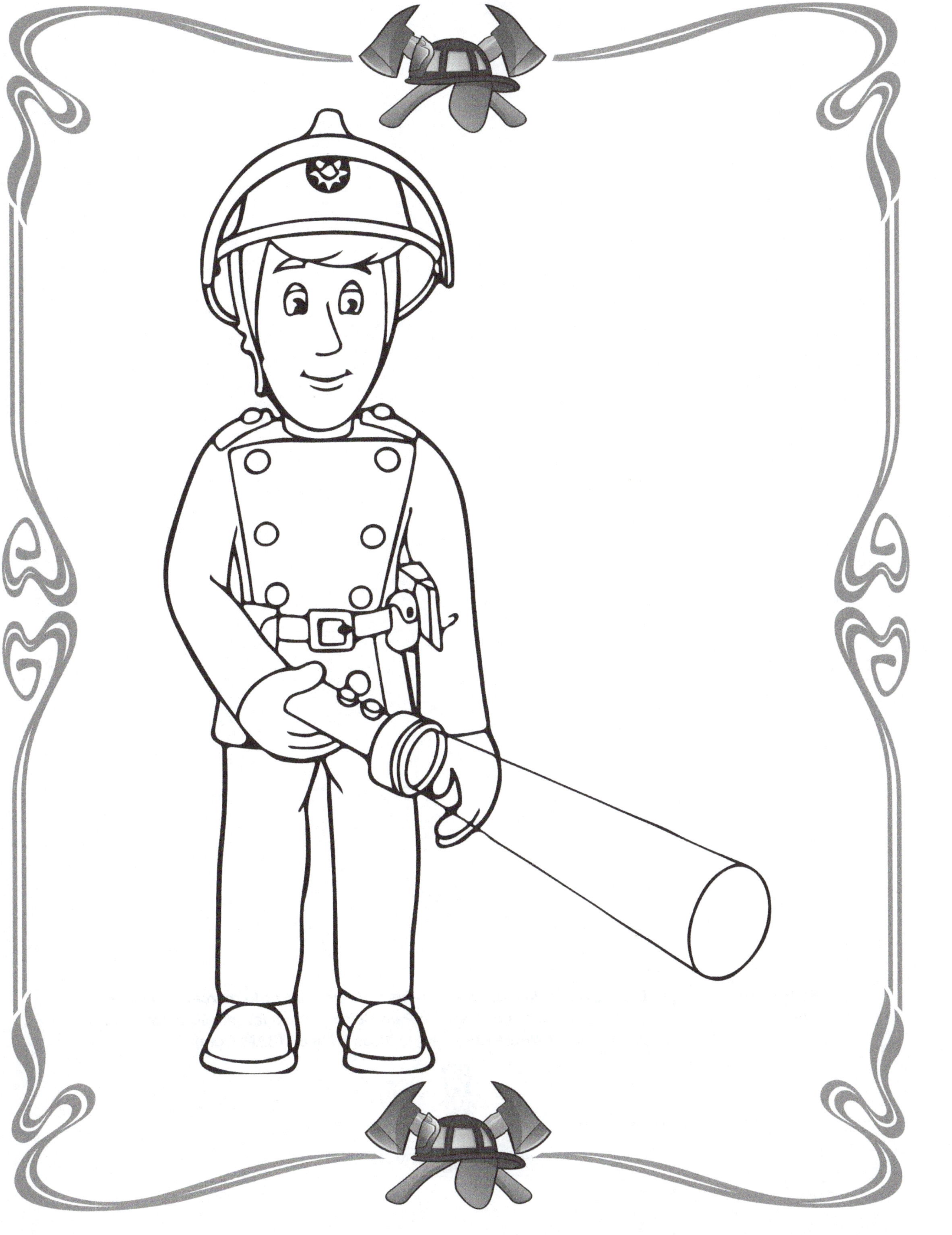

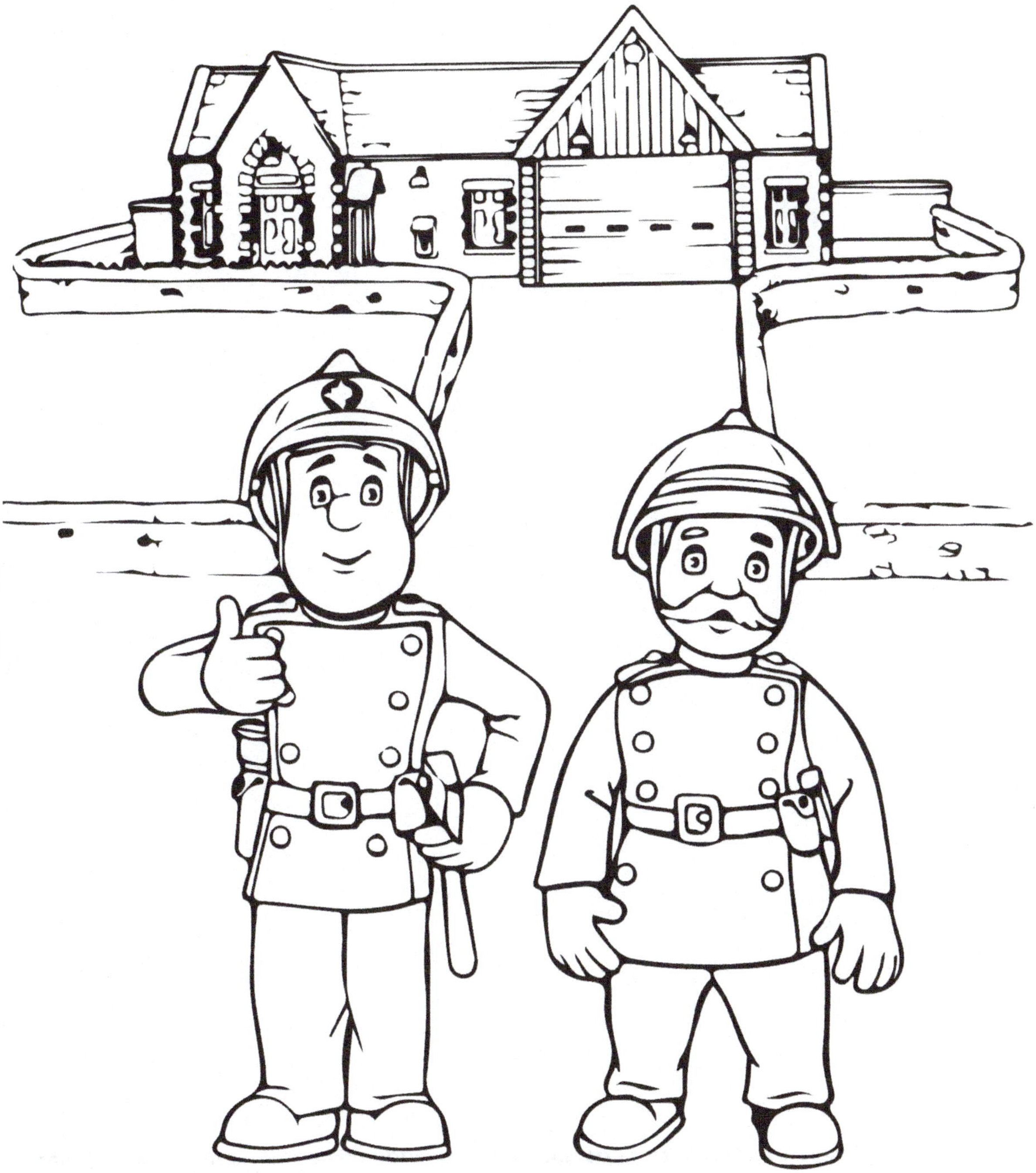

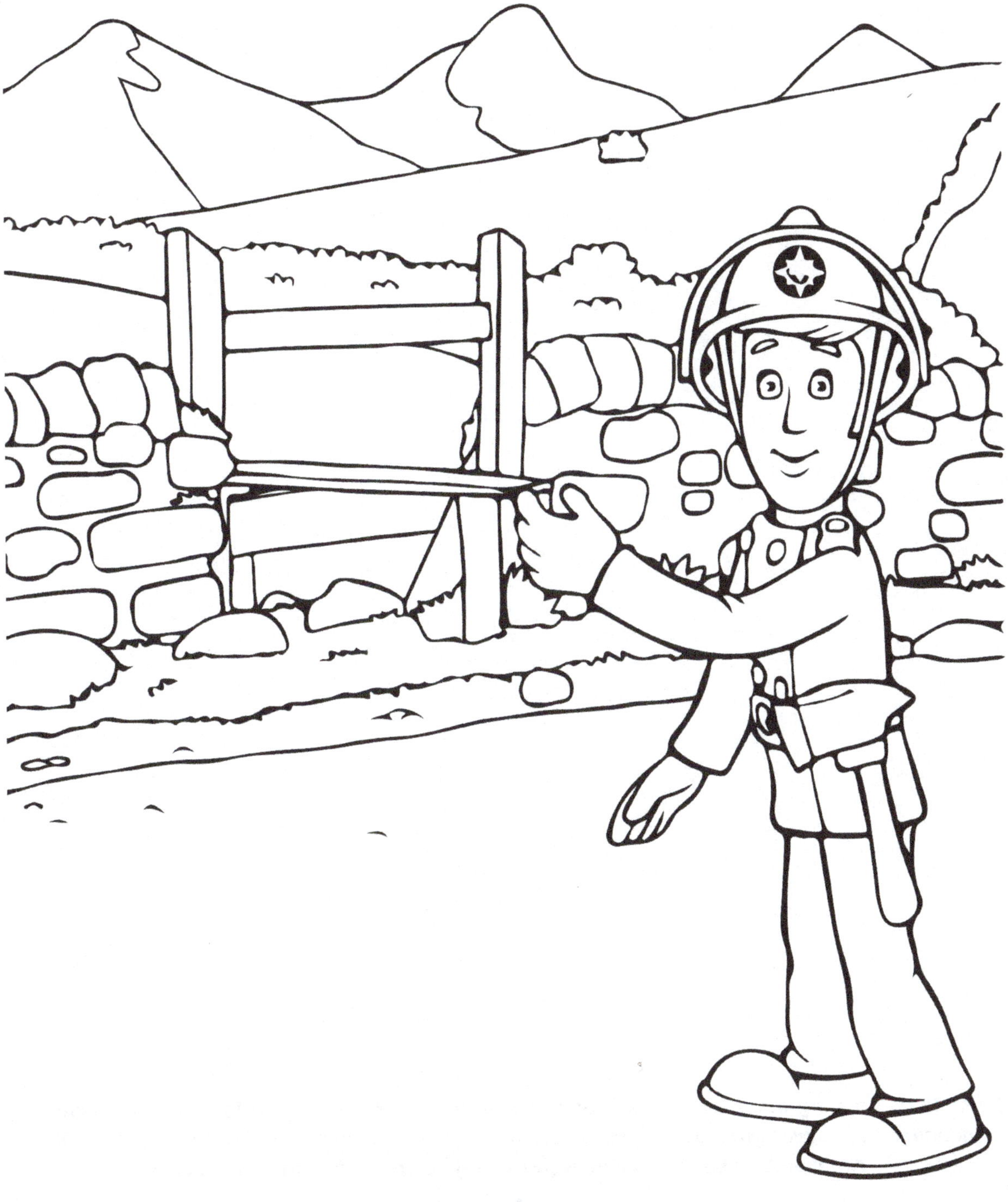

Se trata de un sangrado a través de la página si está usando un colorante marcador o pluma!

Encontrar otros títulos grandes por busca de Bandido Para Colorear en tu favorito libro minorista

Amazon.Ca | Barnes & Noble (BN.Com) | Libros 1 Millón (BAM.Com)

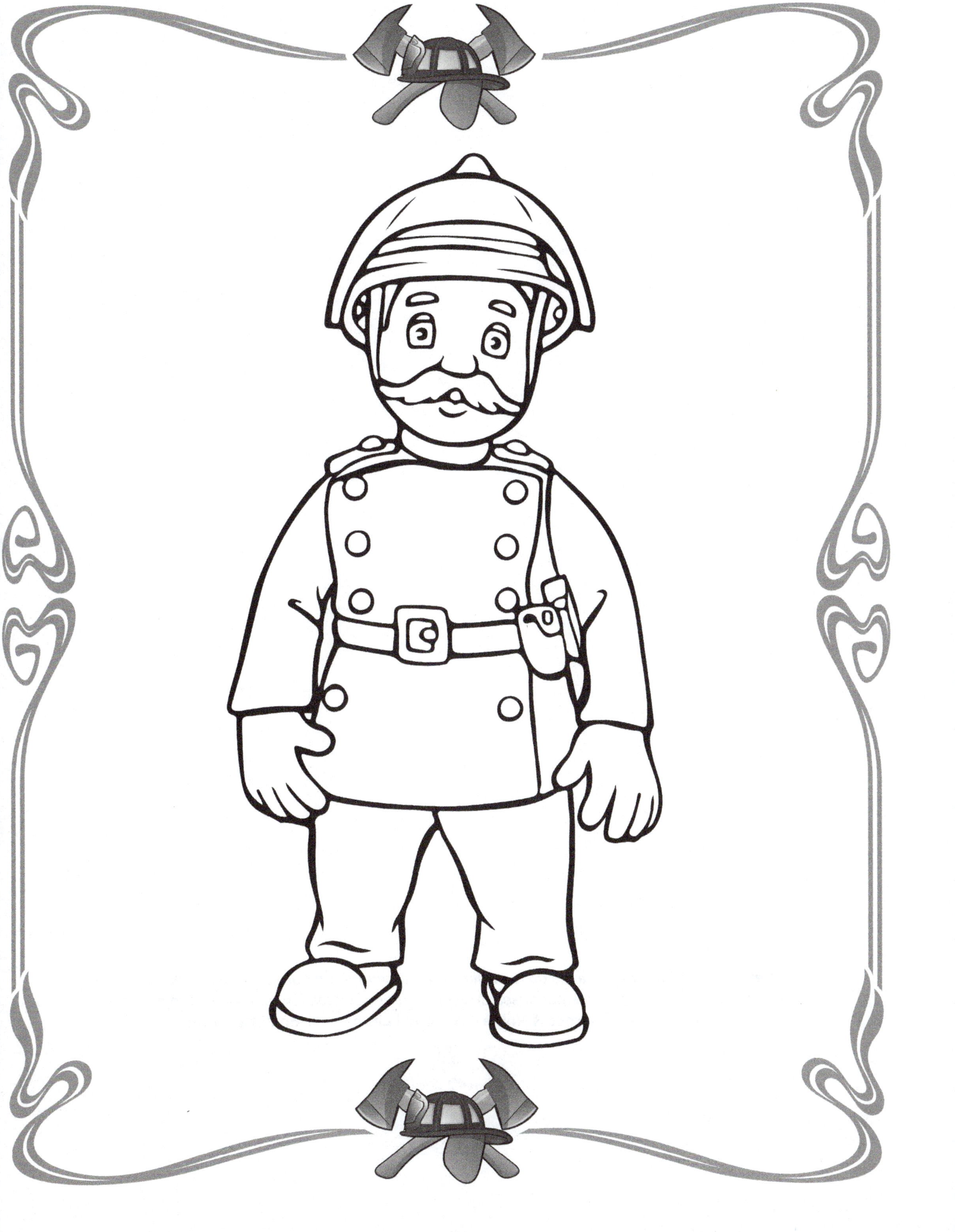

Se trata de un sangrado a través de la página si está usando un colorante marcador o pluma!

Encontrar otros títulos grandes por busca de Bandido Para Colorear en tu favorito libro minorista

Amazon.Ca | Barnes & Noble (BN.Com) | Libros 1 Millón (BAM.Com)

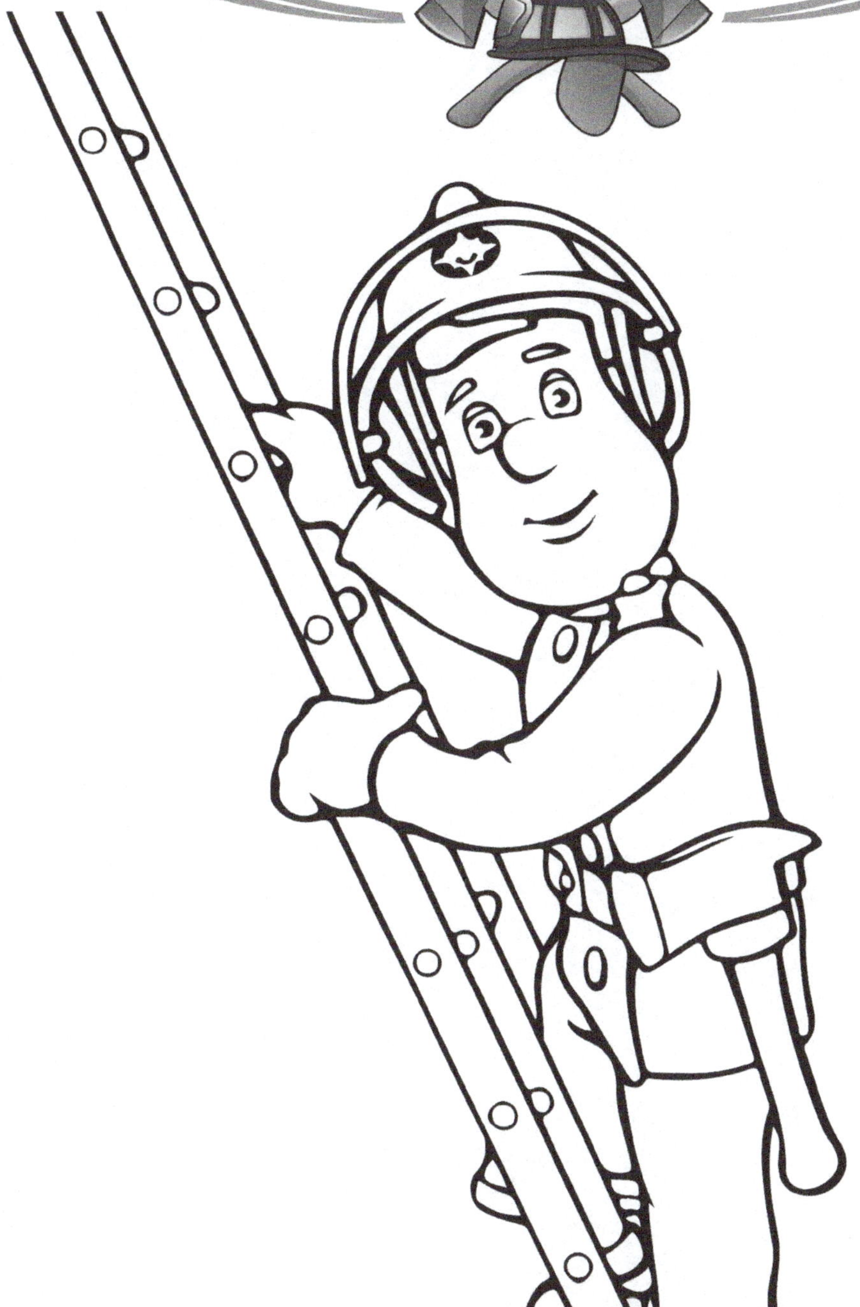

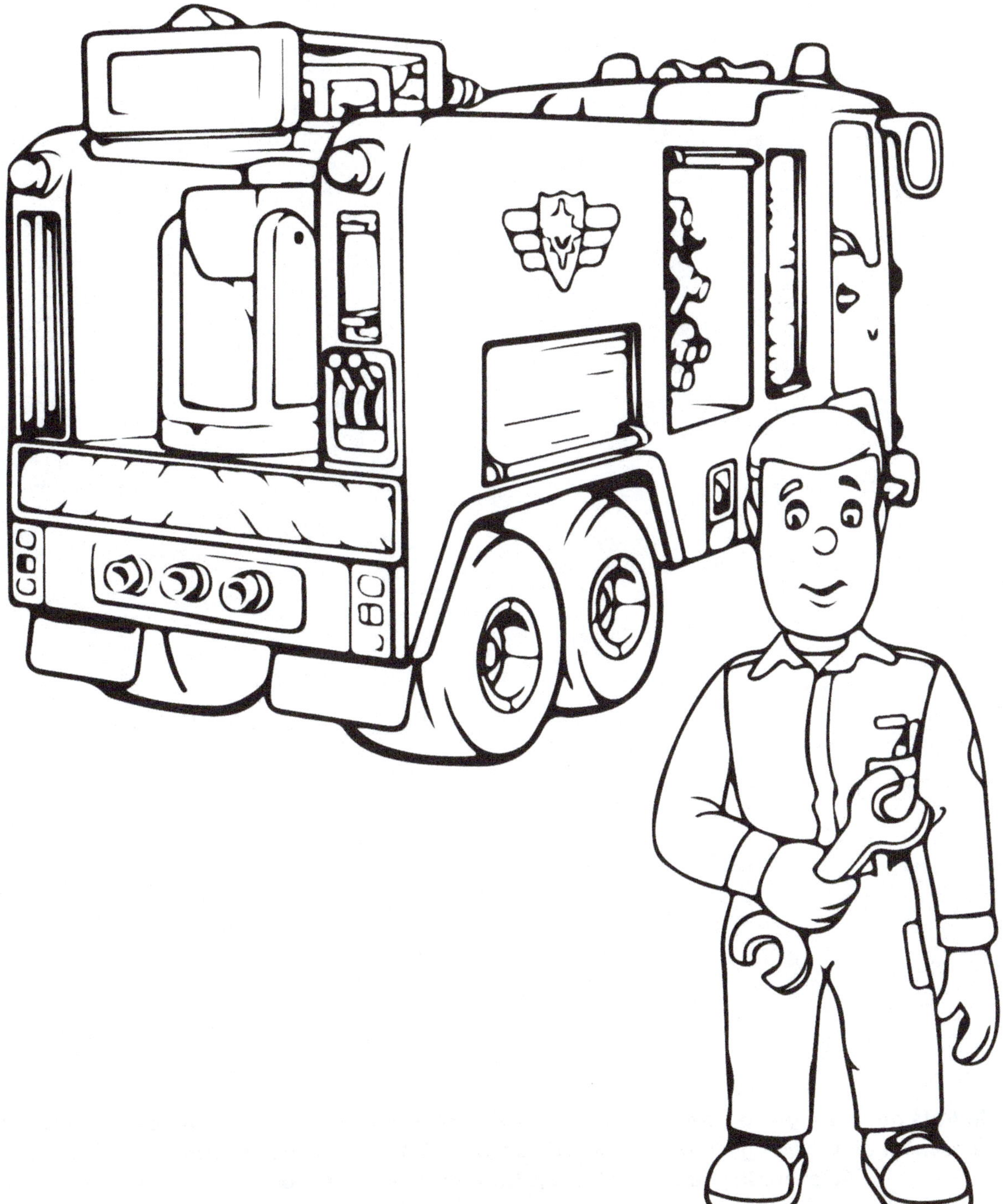

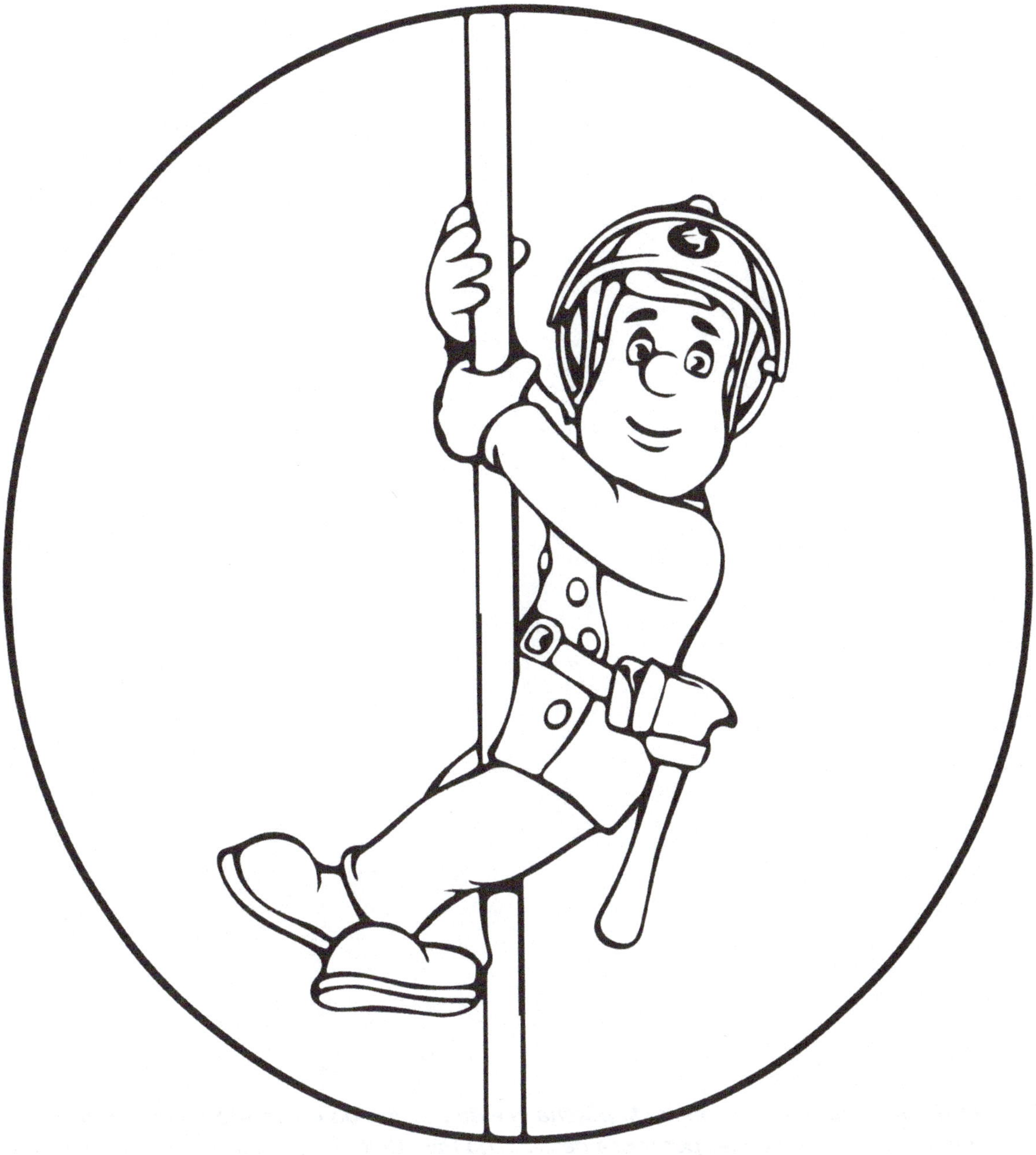

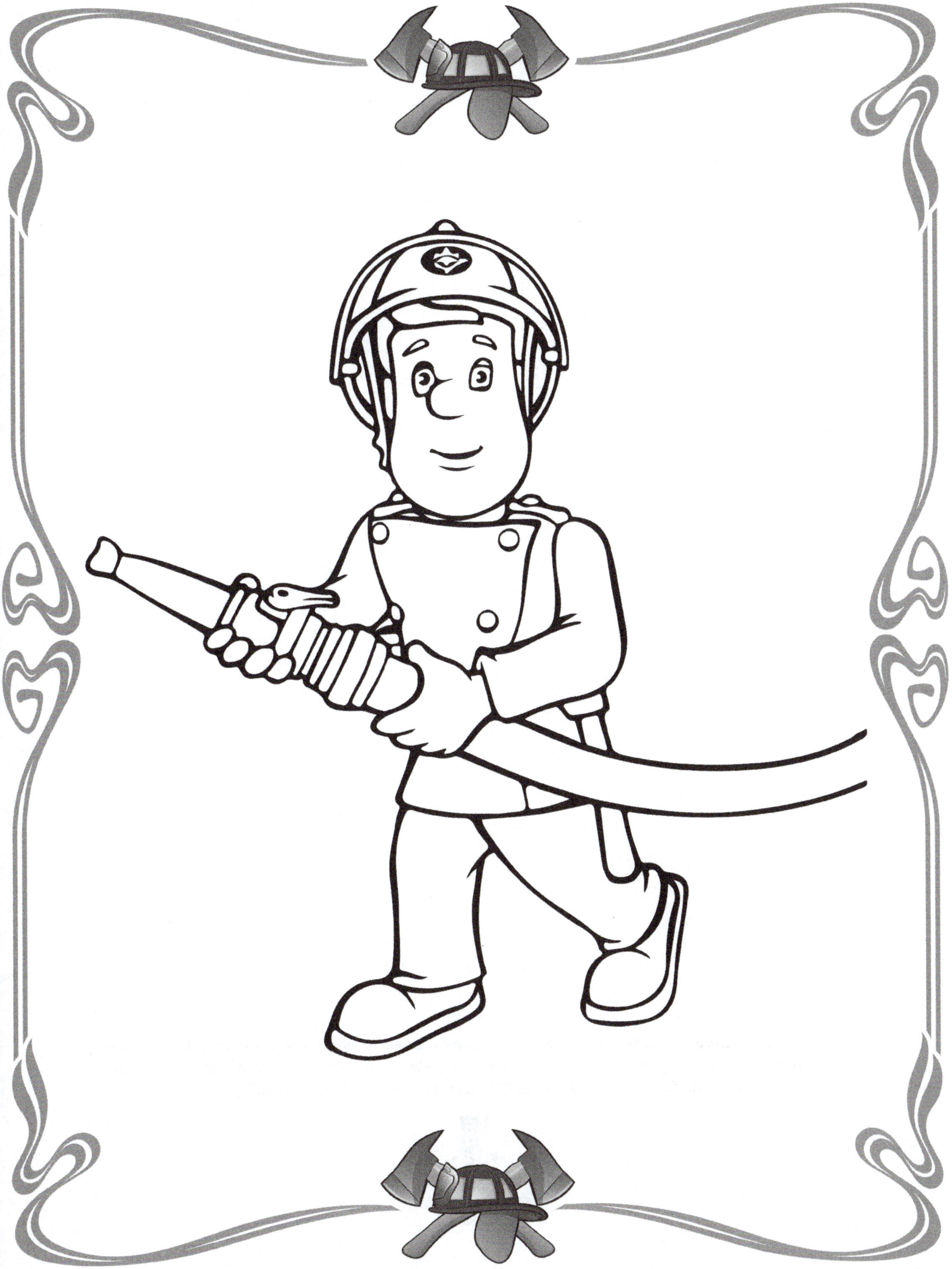

Se trata de un sangrado a través de la página si está usando un colorante marcador o pluma!

Encontrar otros títulos grandes por busca de Bandido Para Colorear en tu favorito libro minorista

Amazon.Ca | Barnes & Noble (BN.Com) | Libros 1 Millón (BAM.Com)

COLORING BANDIT

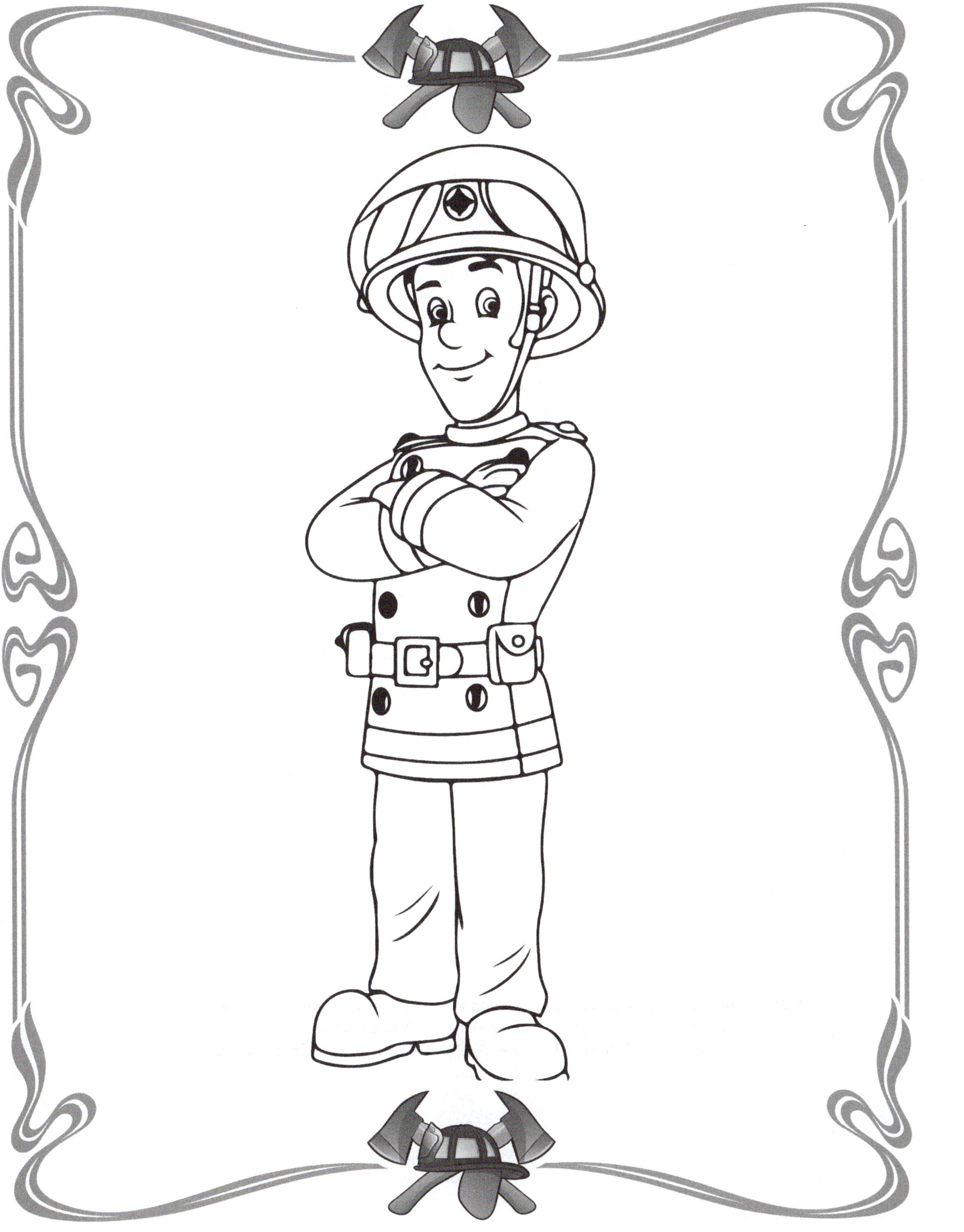

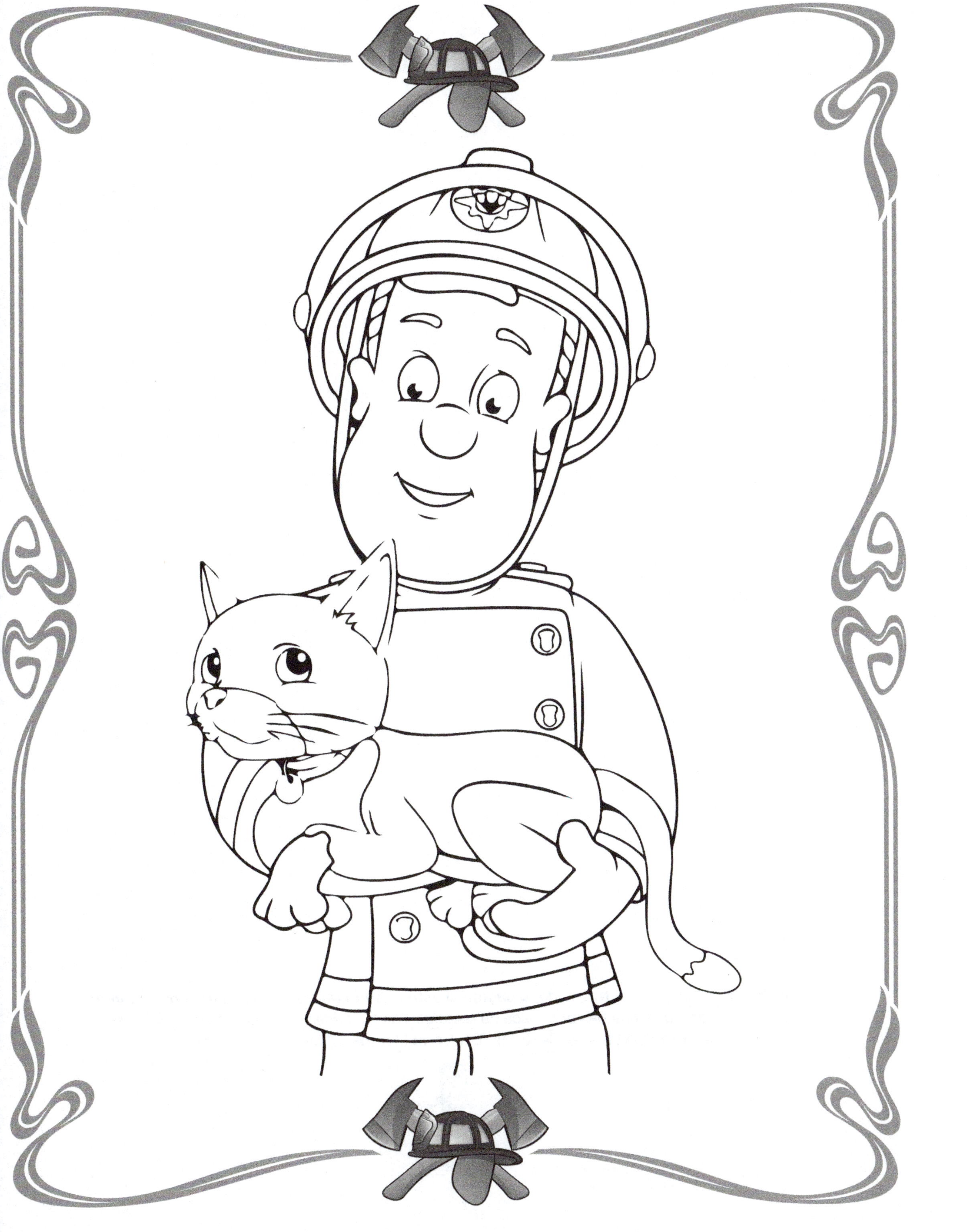

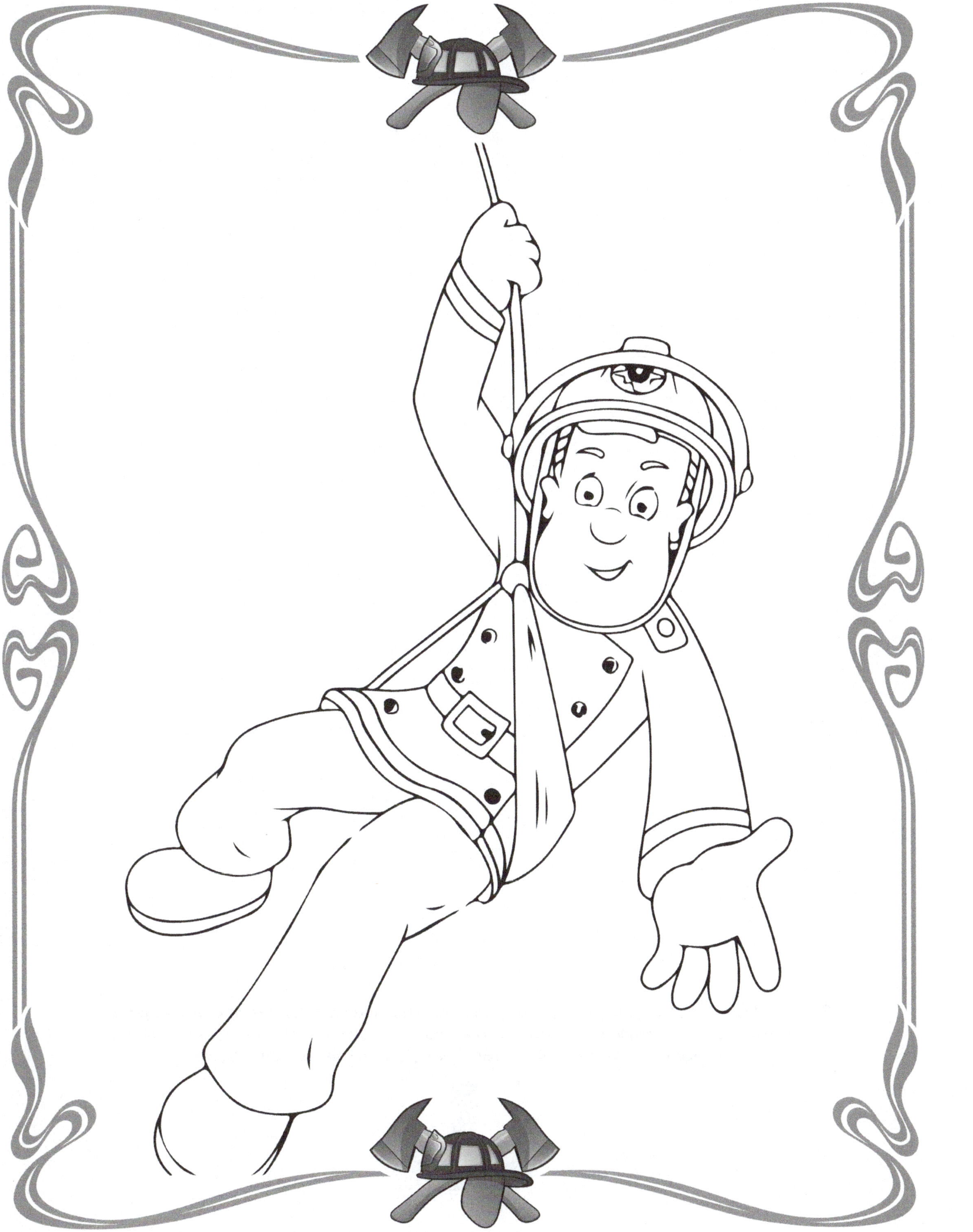

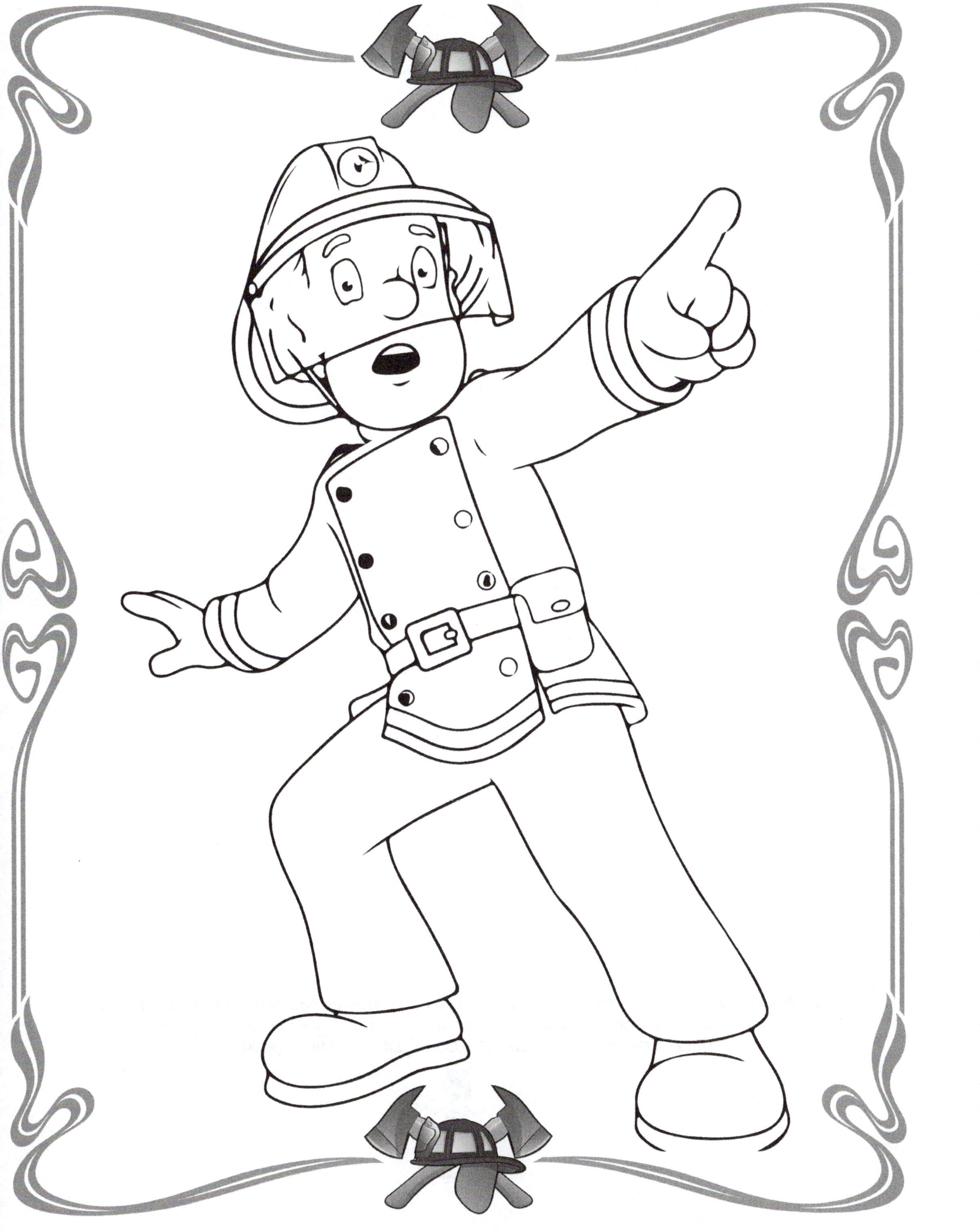

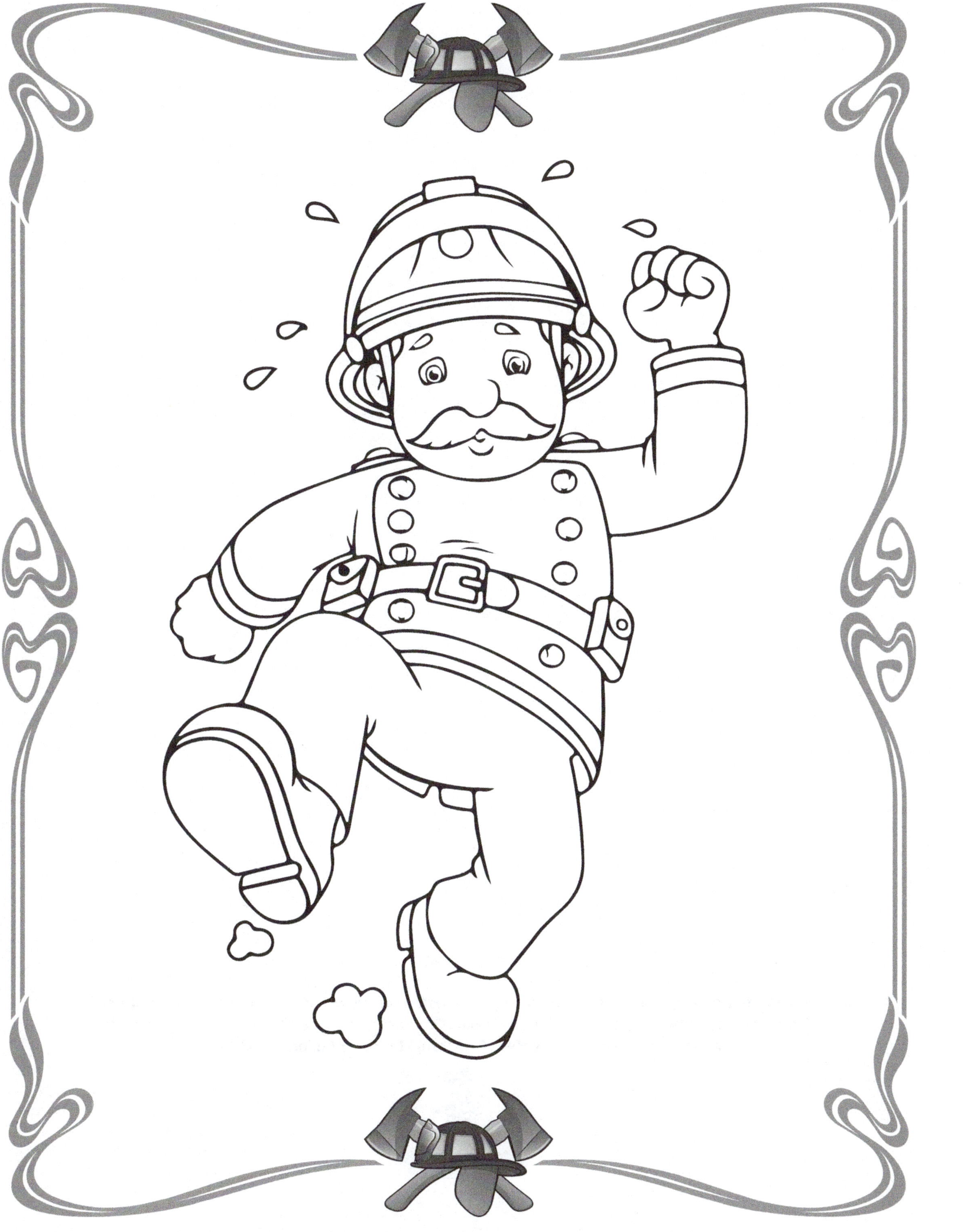

Se trata de un sangrado a través de la página si está usando un colorante marcador o pluma!

Encontrar otros títulos grandes por busca de Bandido Para Colorear en tu favorito libro minorista

Amazon.Ca | Barnes & Noble (BN.Com) | Libros 1 Millón (BAM.Com)

COLORING BANDIT

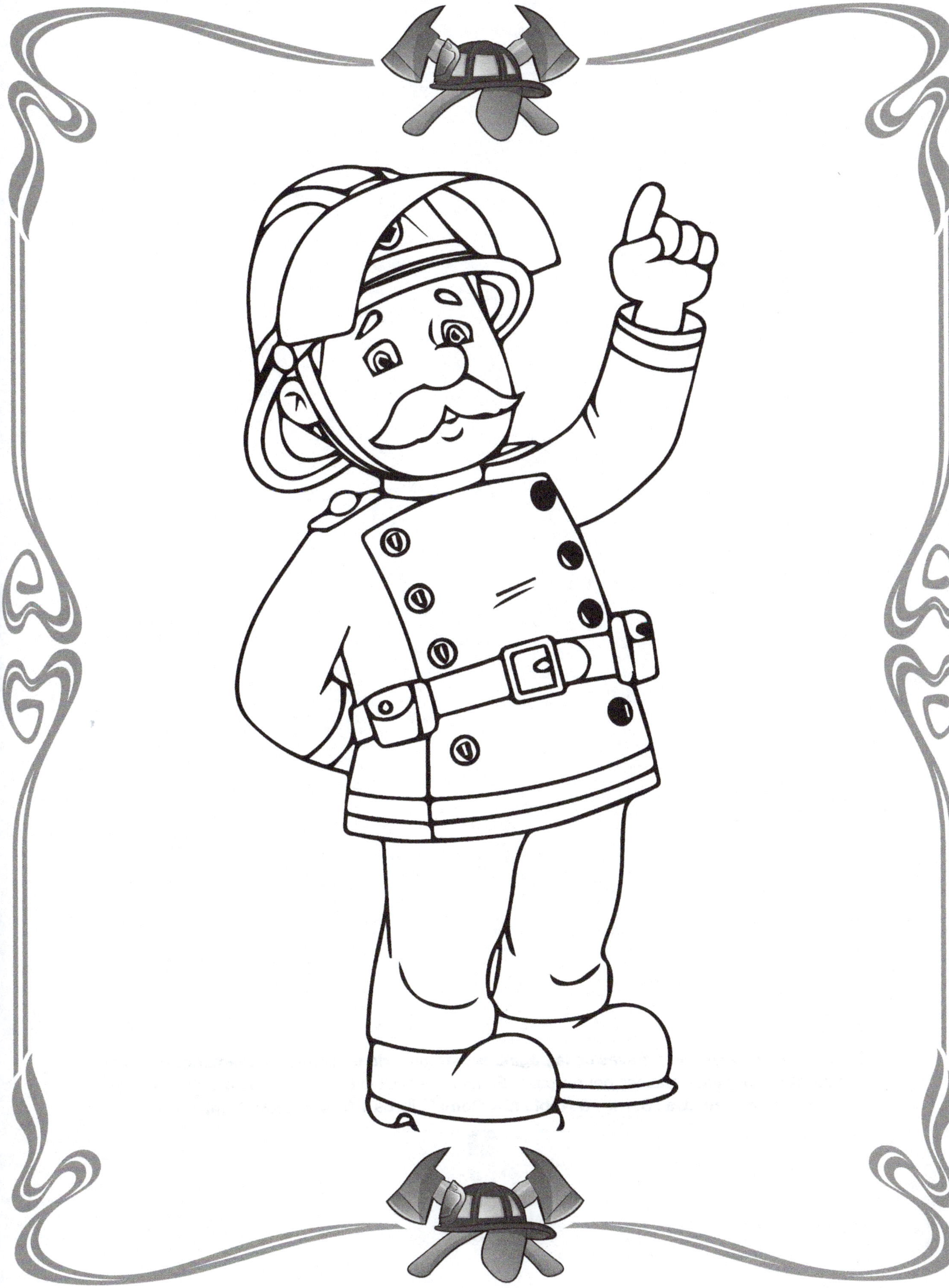

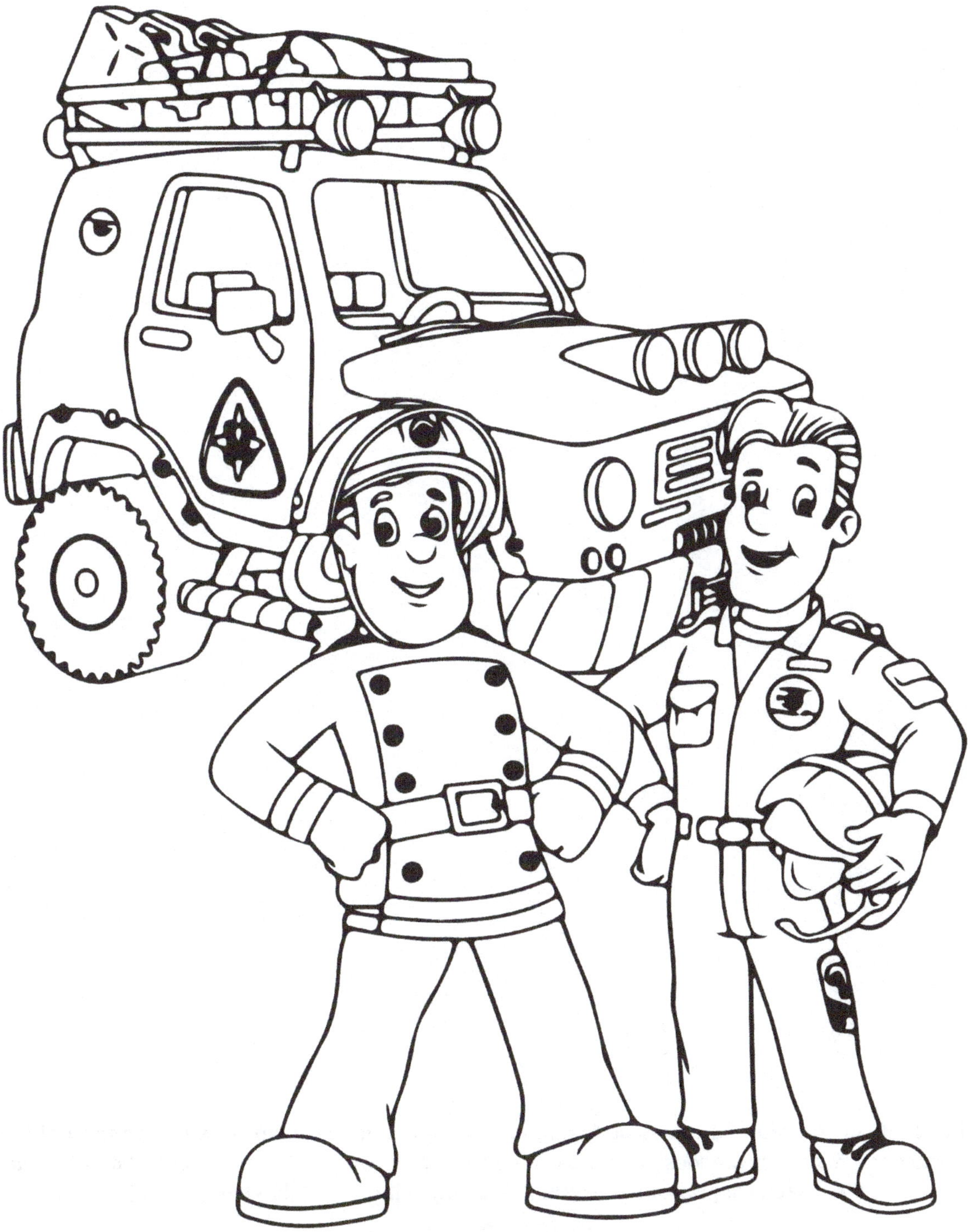

Se trata de un sangrado a través de la página si está usando un colorante marcador o pluma!

Encontrar otros títulos grandes por busca de Bandido Para Colorear en tu favorito libro minorista

Amazon.Ca | Barnes & Noble (BN.Com) | Libros 1 Millón (BAM.Com)

COLORING BANDIT

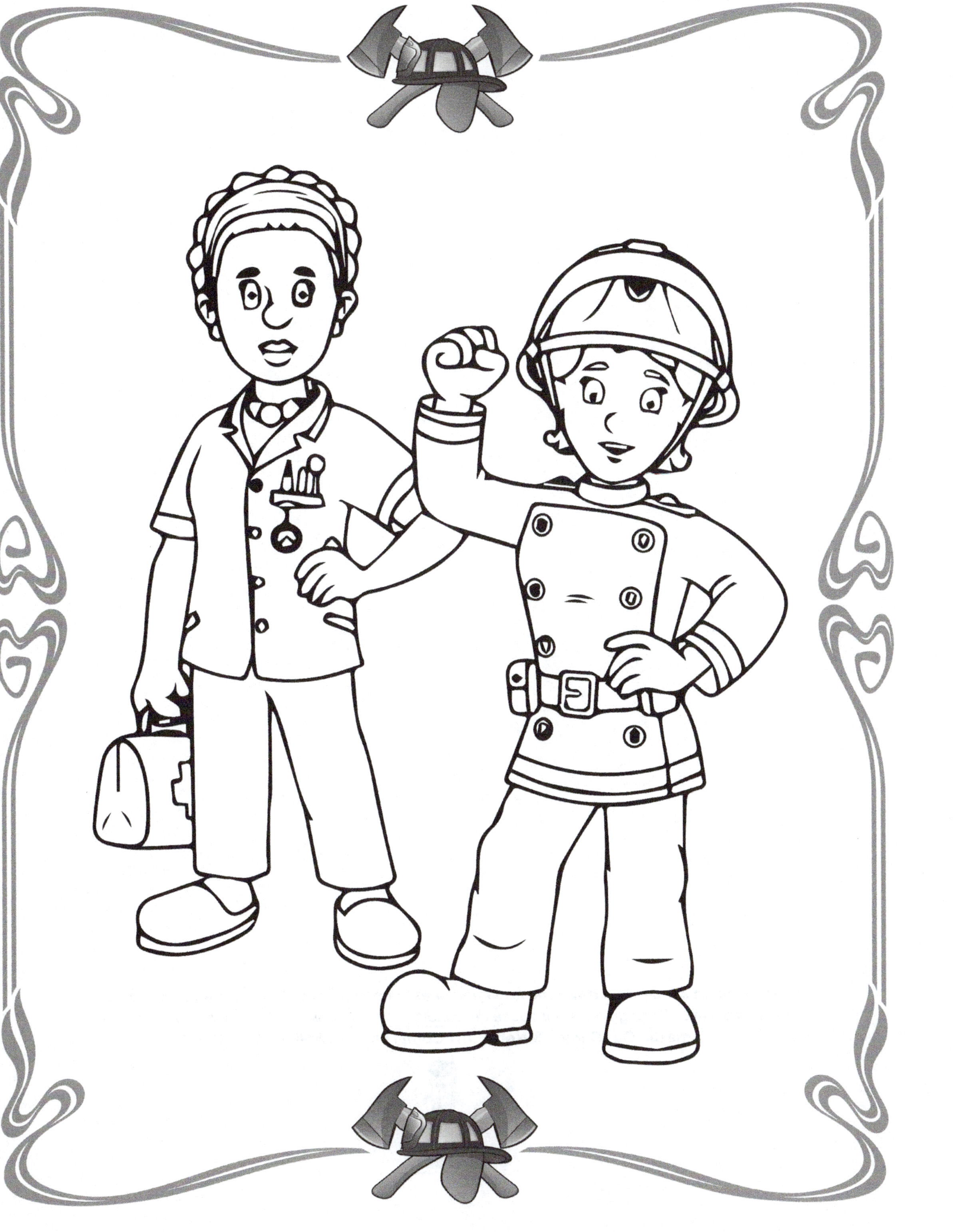

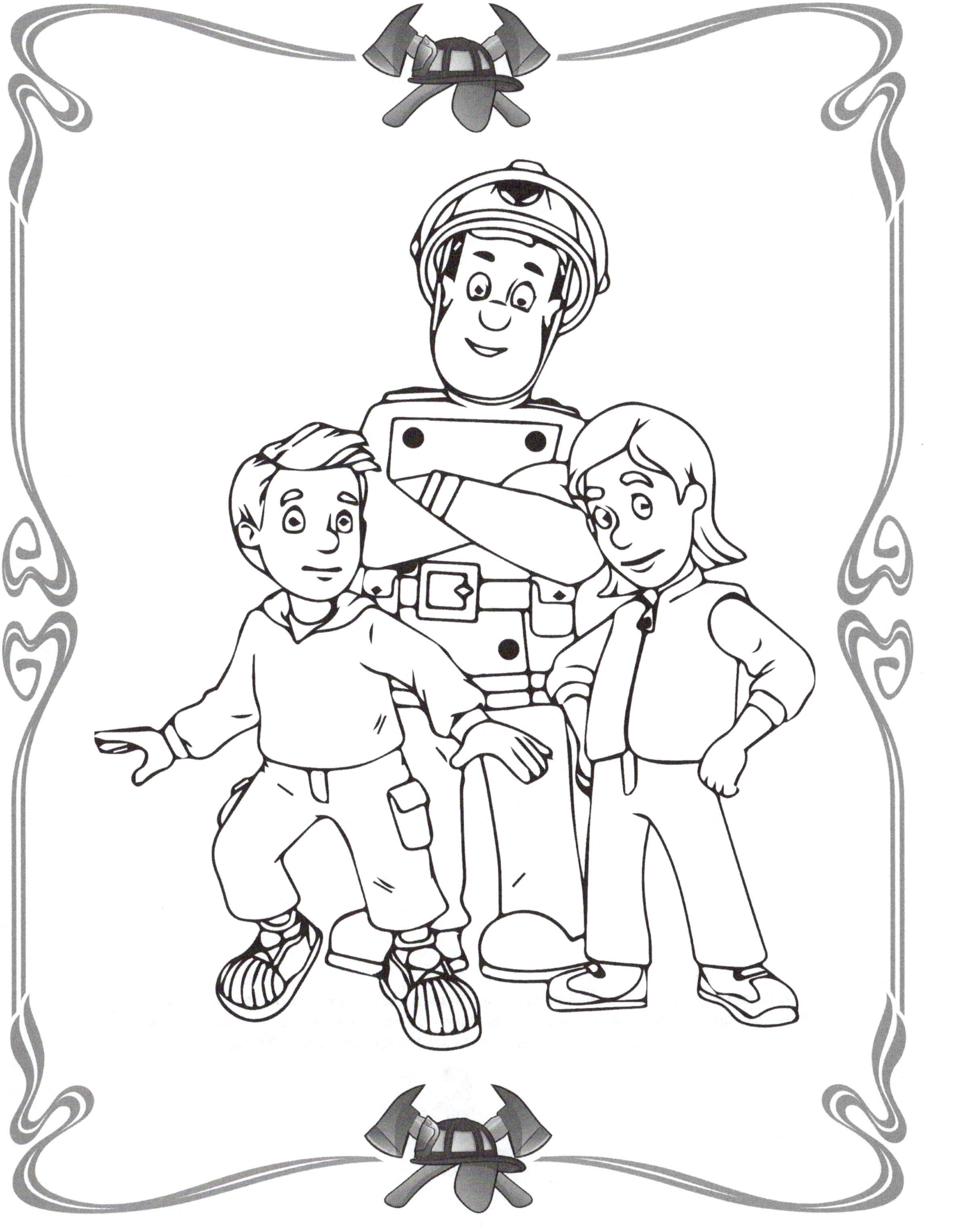

Se trata de un sangrado a través de la página si está usando un colorante marcador o pluma!

Encontrar otros títulos grandes por busca de Bandido Para Colorear en tu favorito libro minorista

Amazon.Ca | Barnes & Noble (BN.Com) | Libros 1 Millón (BAM.Com)

COLORING BANDIT

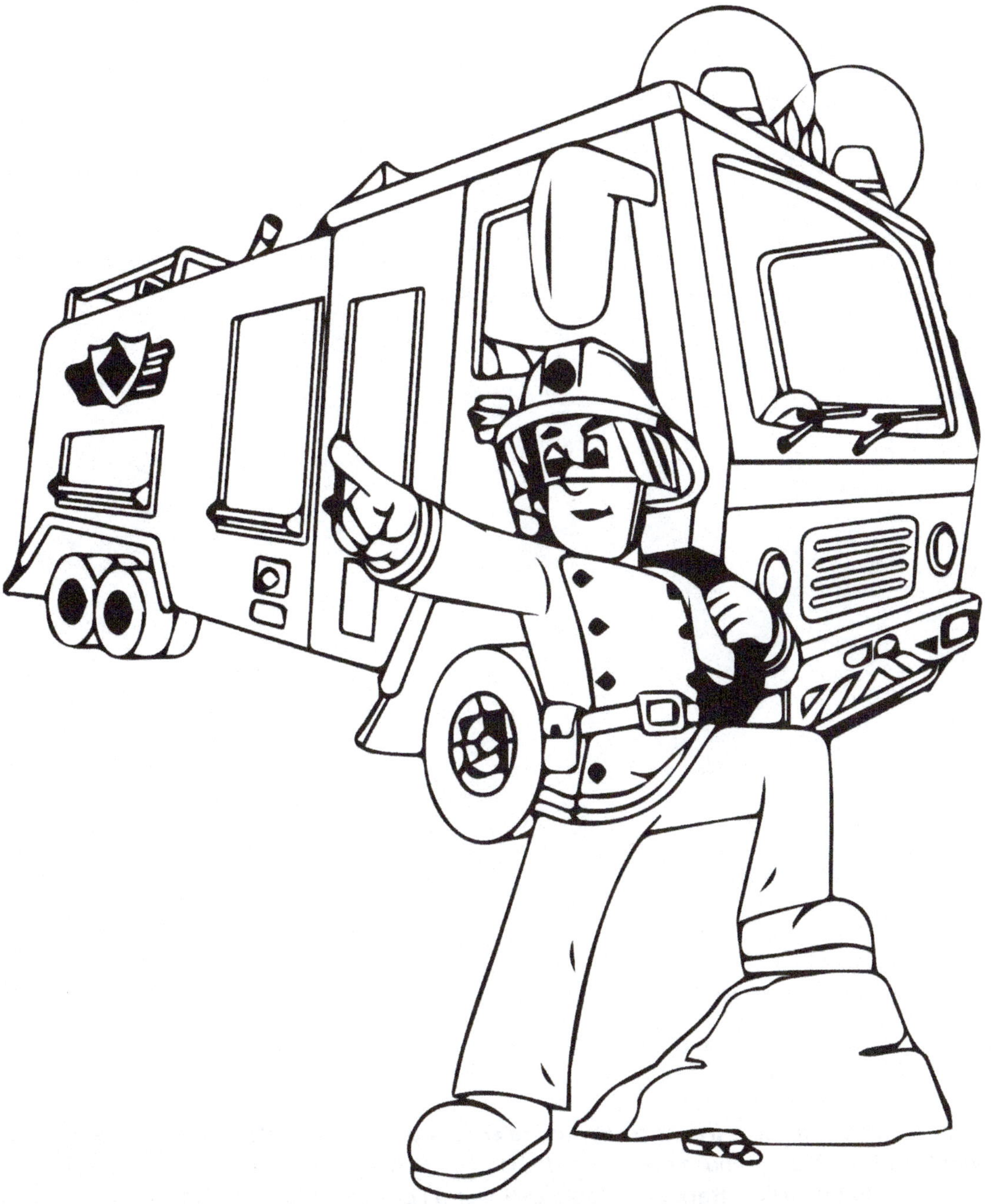

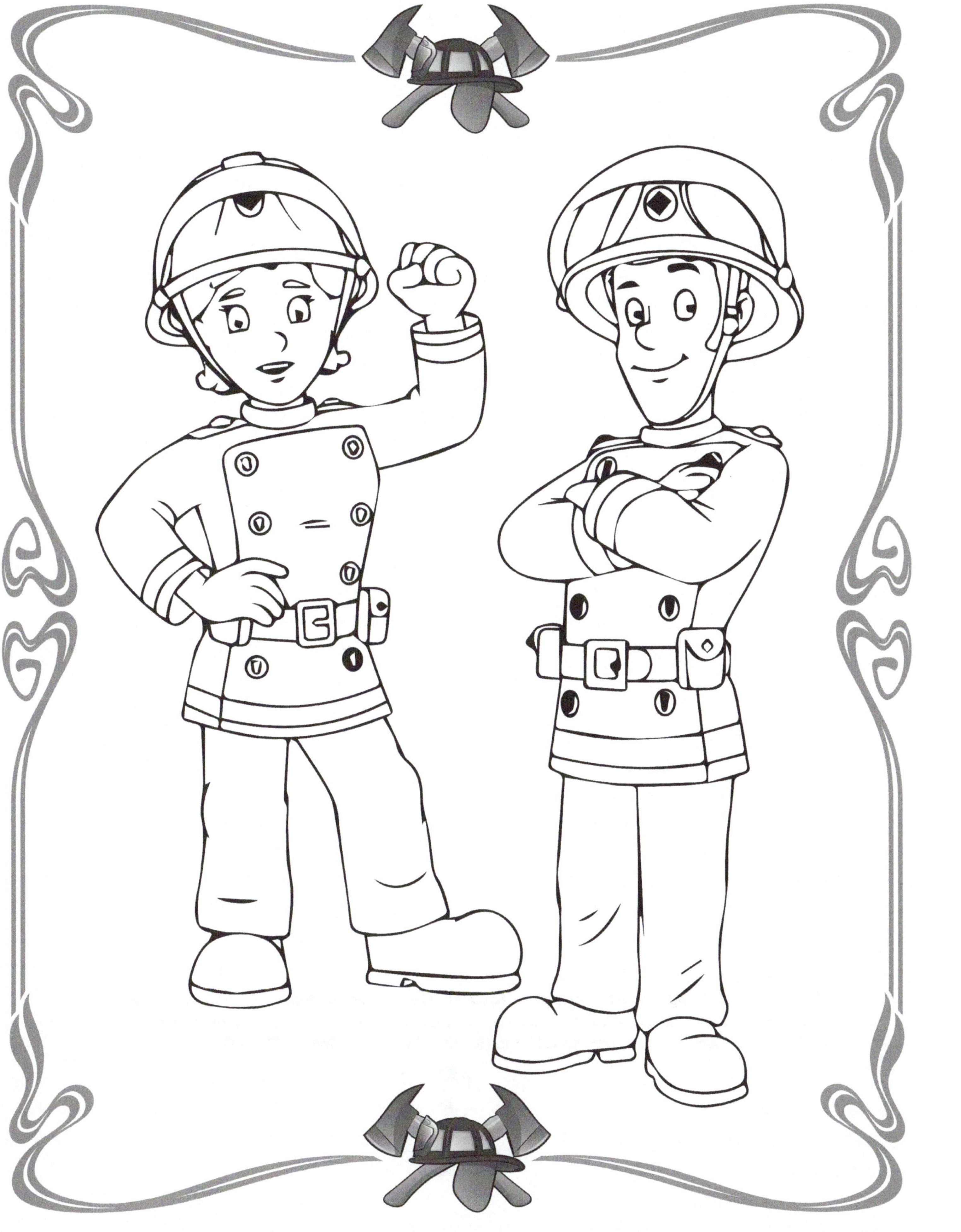

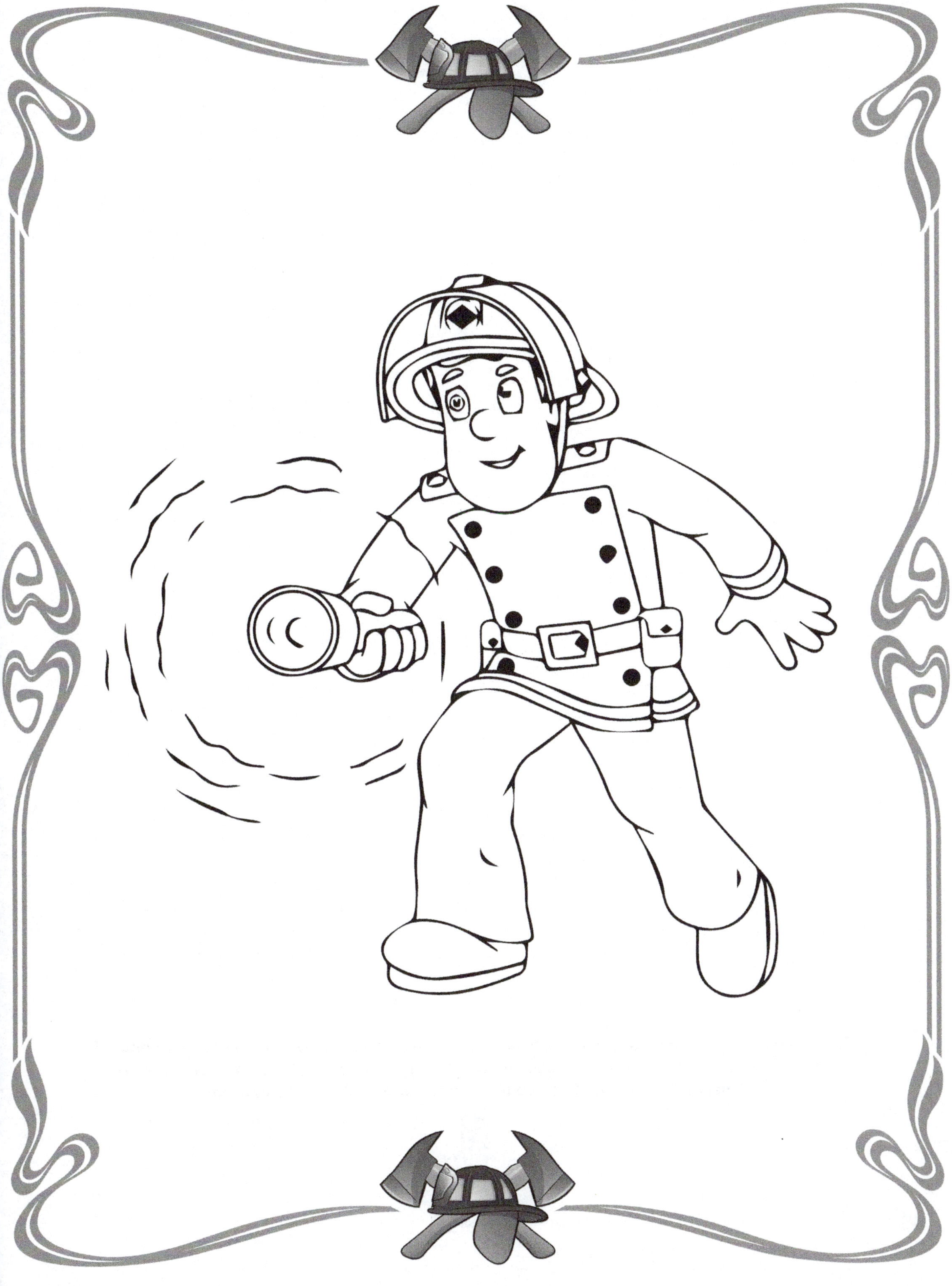

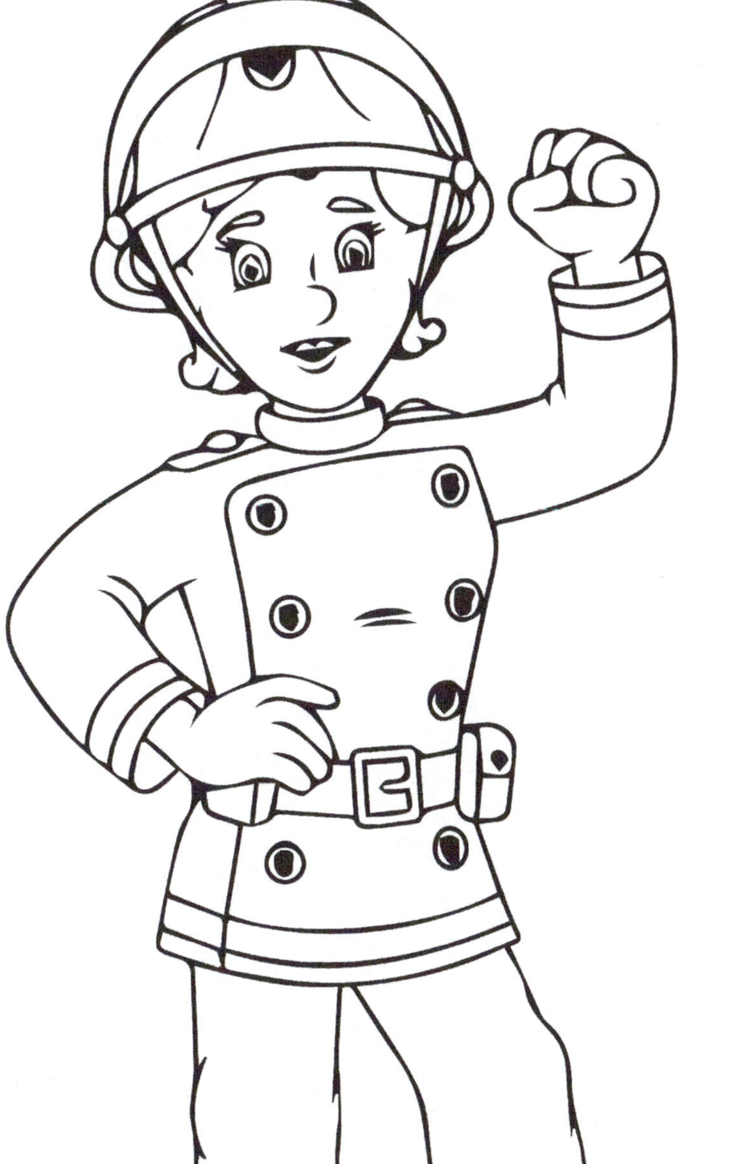

Se trata de un sangrado a través de la página si está usando un colorante marcador o pluma!

Encontrar otros títulos grandes por busca de Bandido Para Colorear en tu favorito libro minorista

Amazon.Ca | Barnes & Noble (BN.Com) | Libros 1 Millón (BAM.Com)

COLORING BANDIT

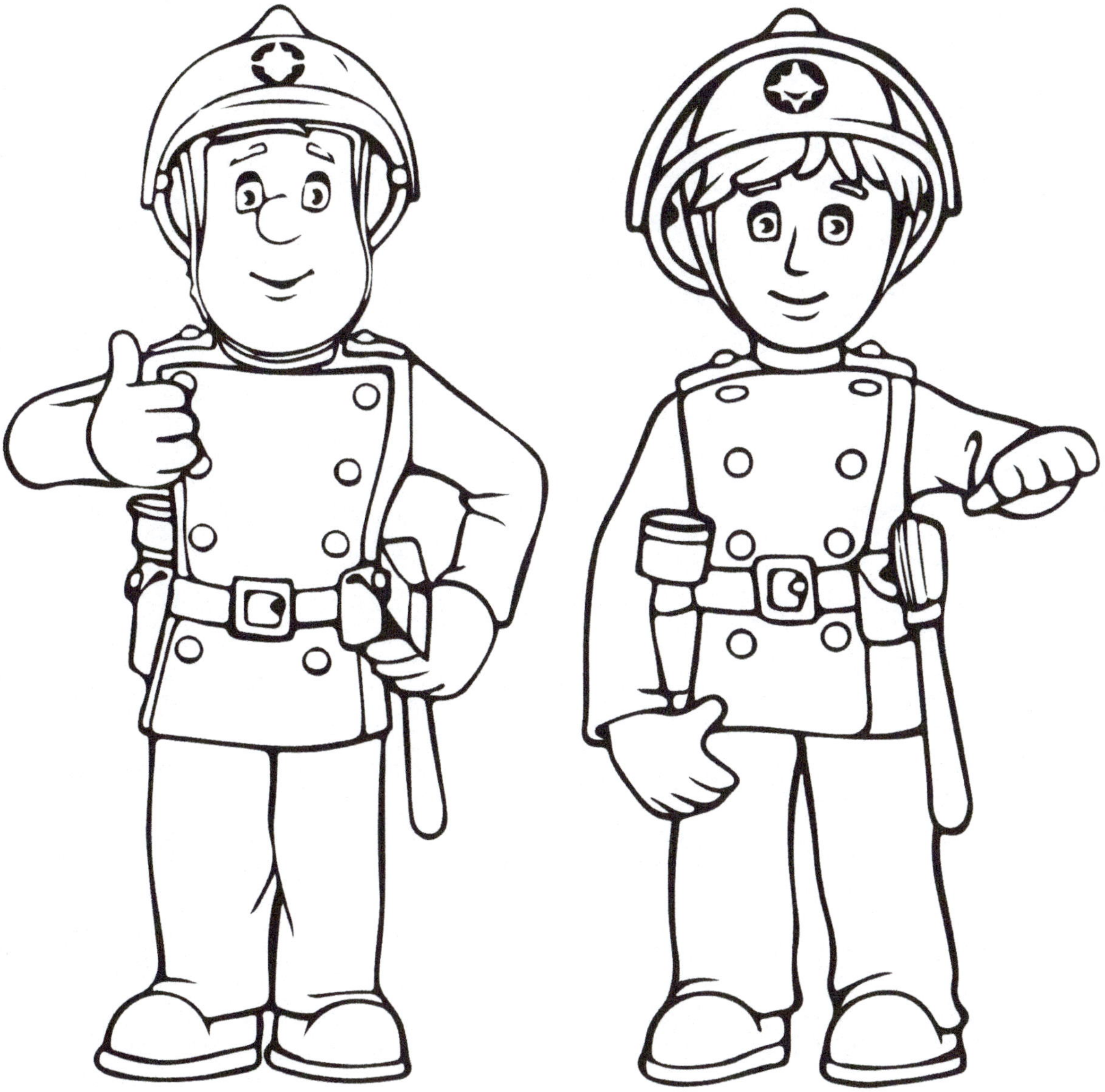

Se trata de un sangrado a través de la página si está usando un colorante marcador o pluma!

Encontrar otros títulos grandes por busca de Bandido Para Colorear en tu favorito libro minorista

Amazon.Ca | Barnes & Noble (BN.Com) | Libros 1 Millón (BAM.Com)

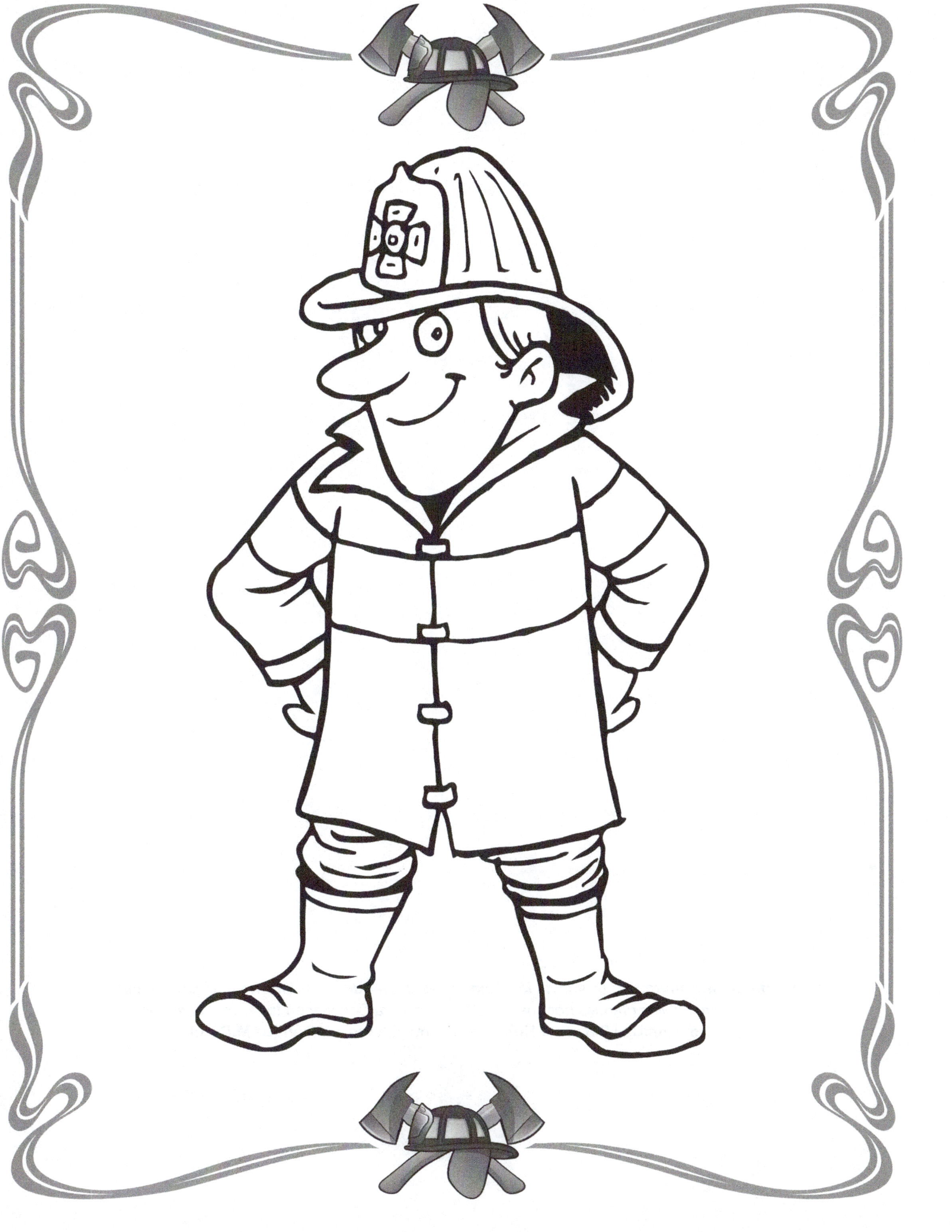

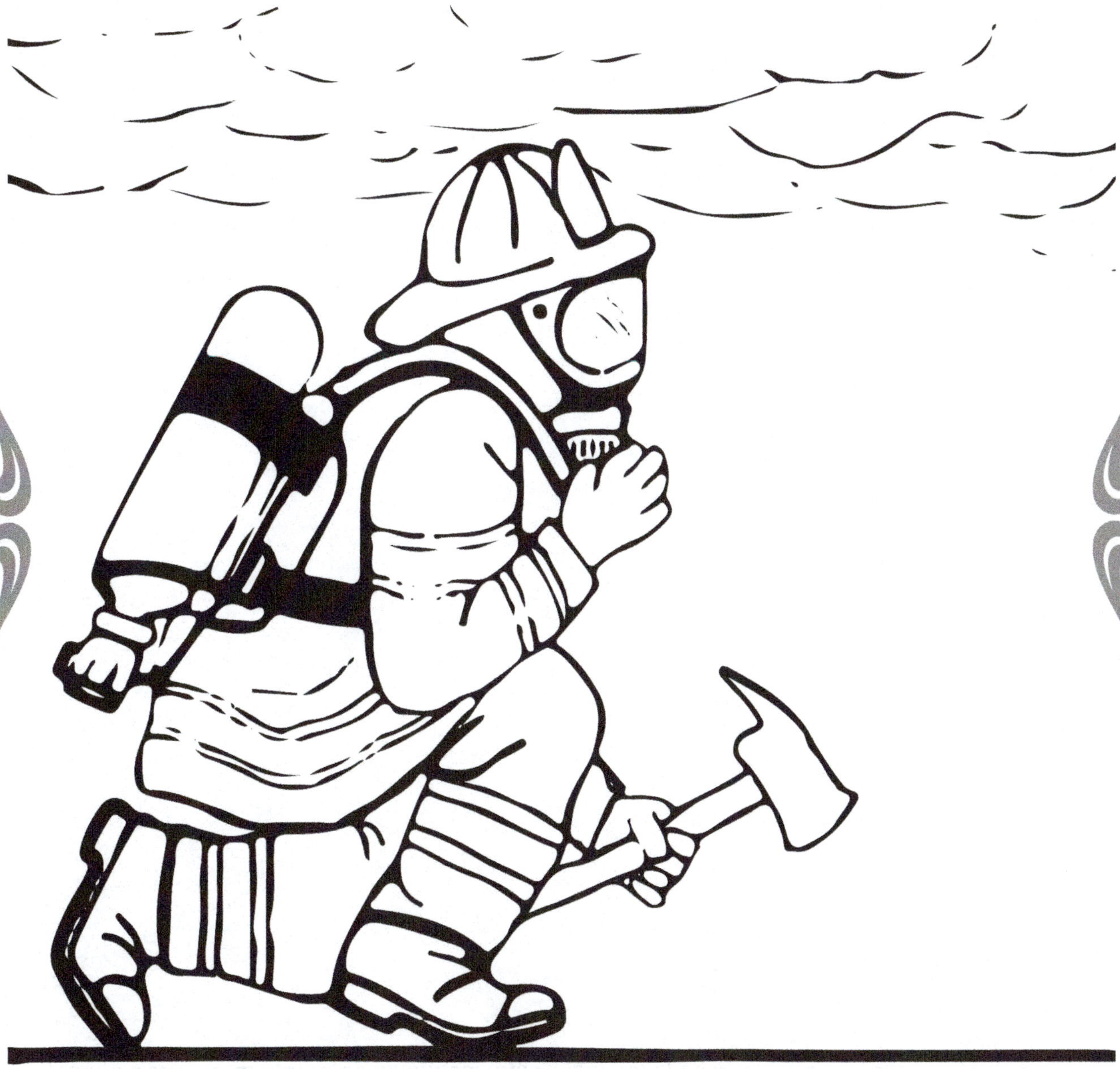

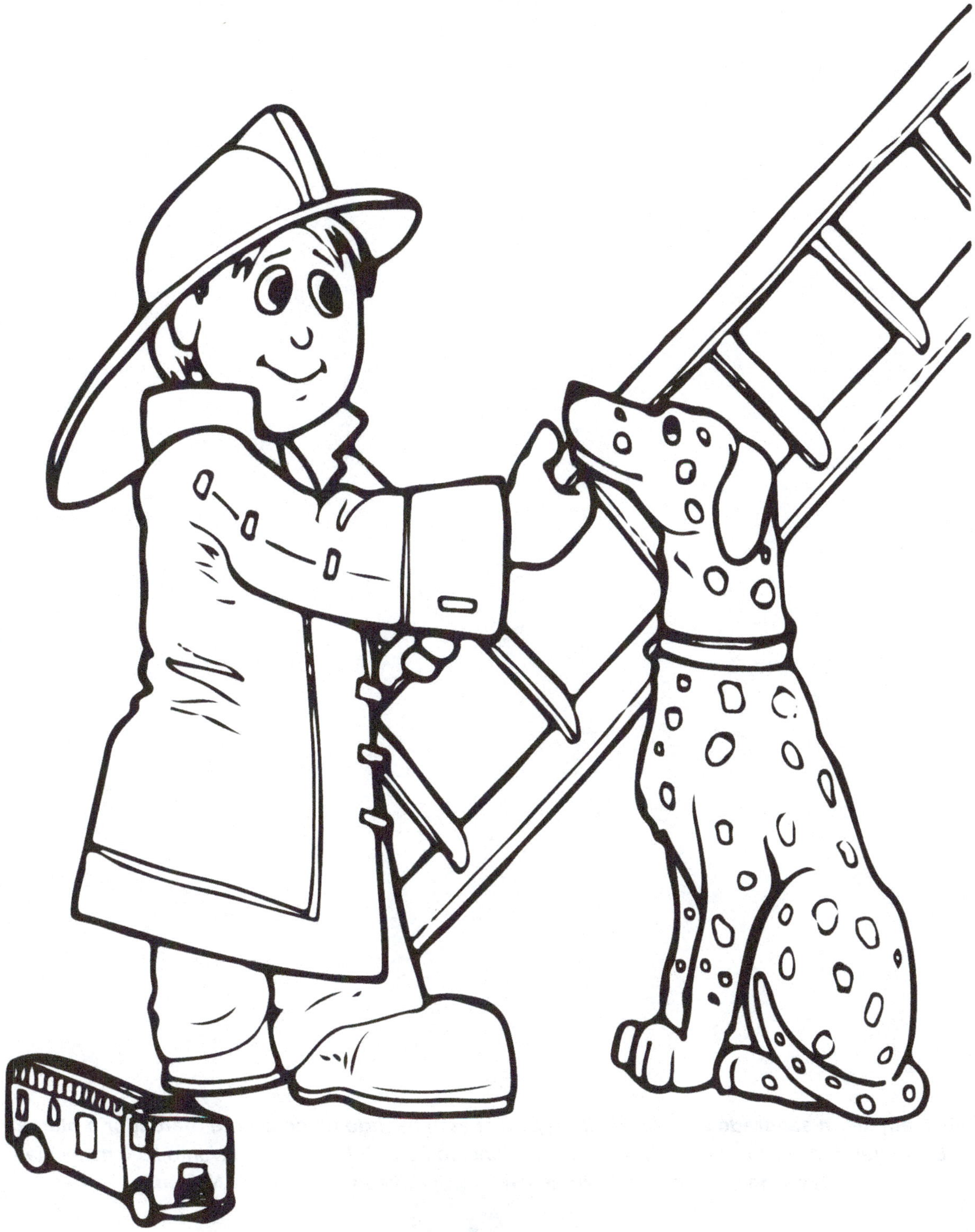

Se trata de un sangrado a través de la página si está usando un colorante marcador o pluma!

Encontrar otros títulos grandes por busca de Bandido Para Colorear en tu favorito libro minorista

Amazon.Ca | Barnes & Noble (BN.Com) | Libros 1 Millón (BAM.Com)

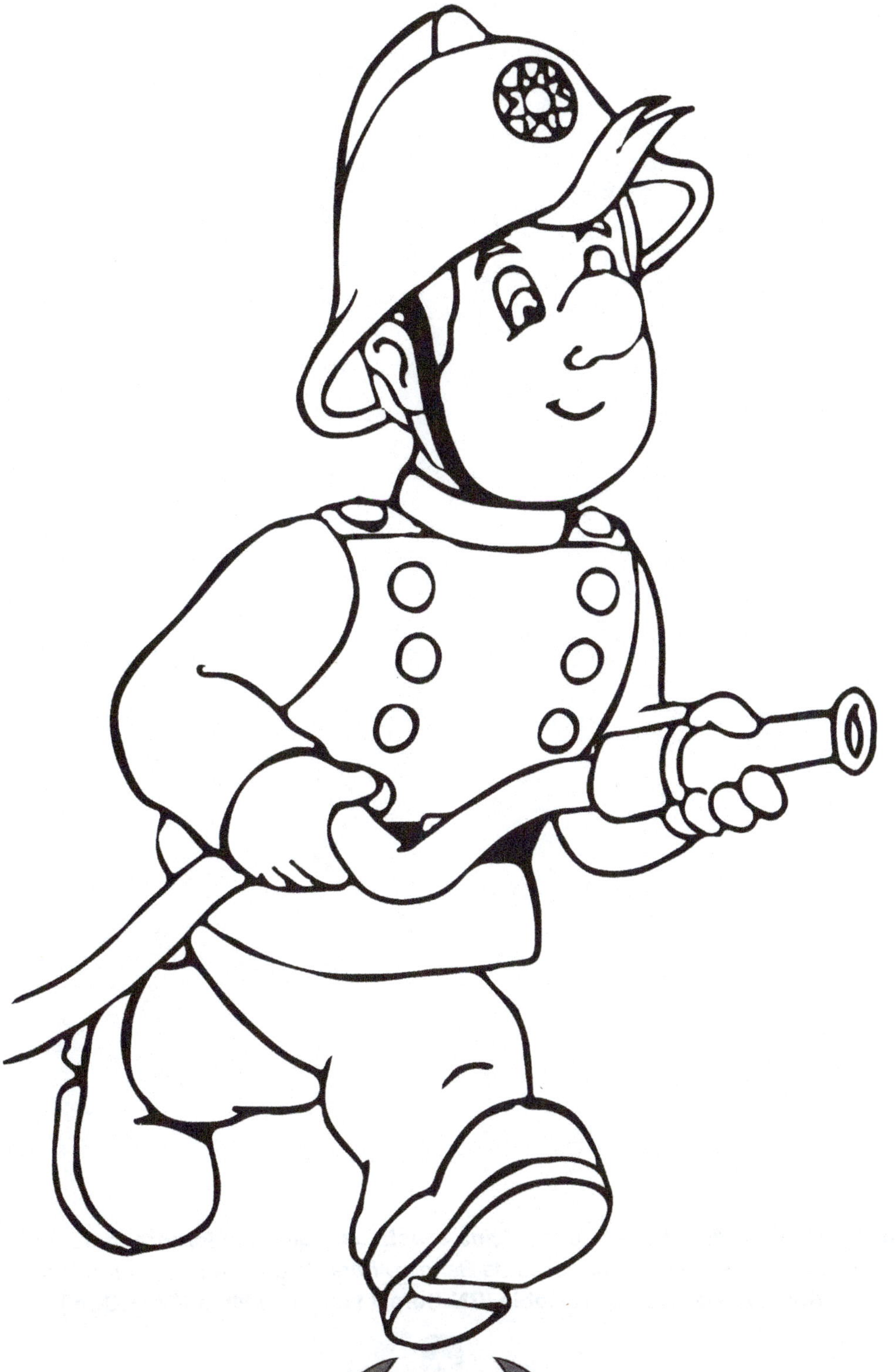

Se trata de un sangrado a través de la página si está usando un colorante marcador o pluma!

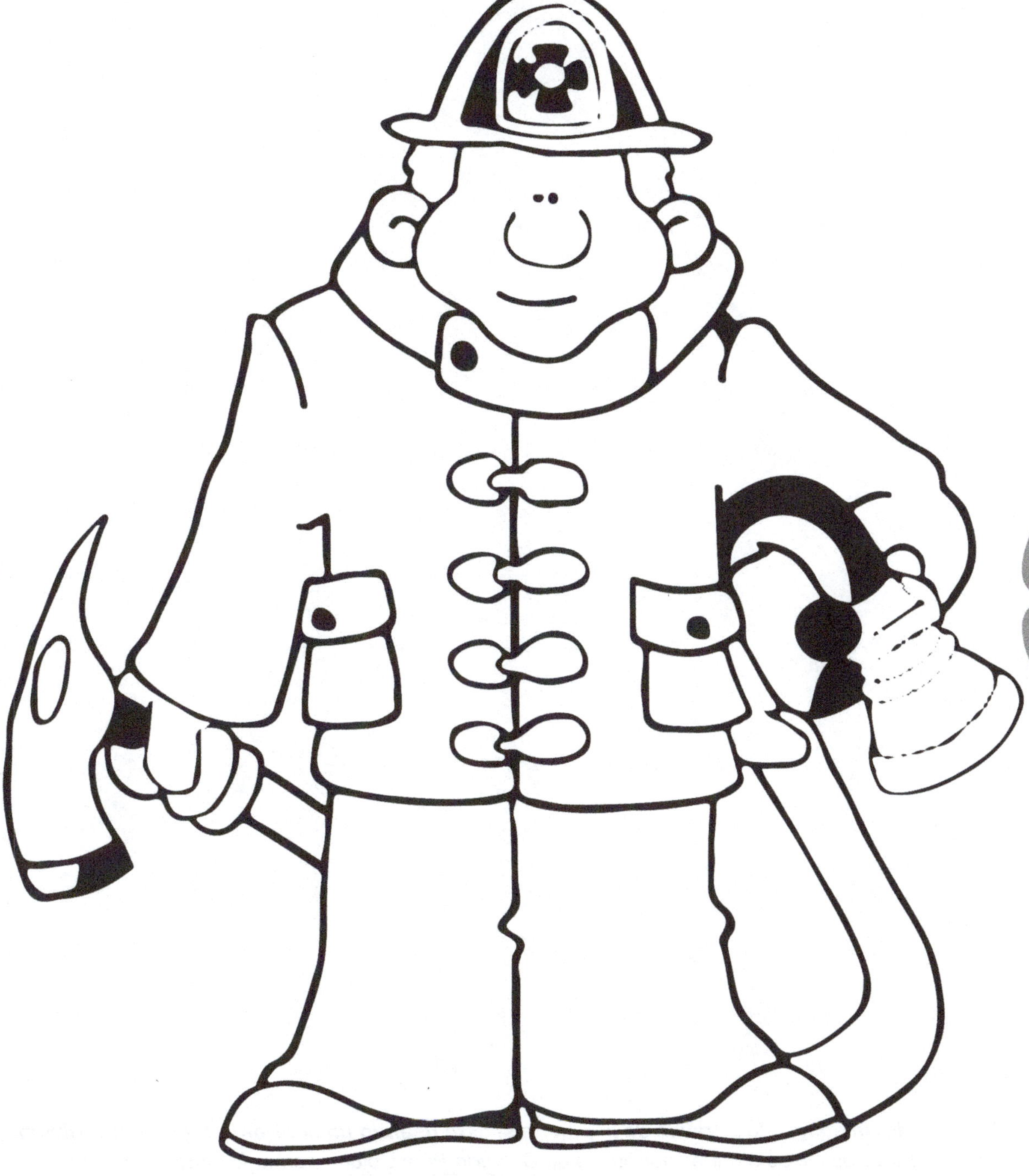

Se trata de un sangrado a través de la página si está usando un colorante marcador o pluma!

Encontrar otros títulos grandes por busca de Bandido Para Colorear en tu favorito libro minorista

Amazon.Ca | Barnes & Noble (BN.Com) | Libros 1 Millón (BAM.Com)

COLORING BANDIT

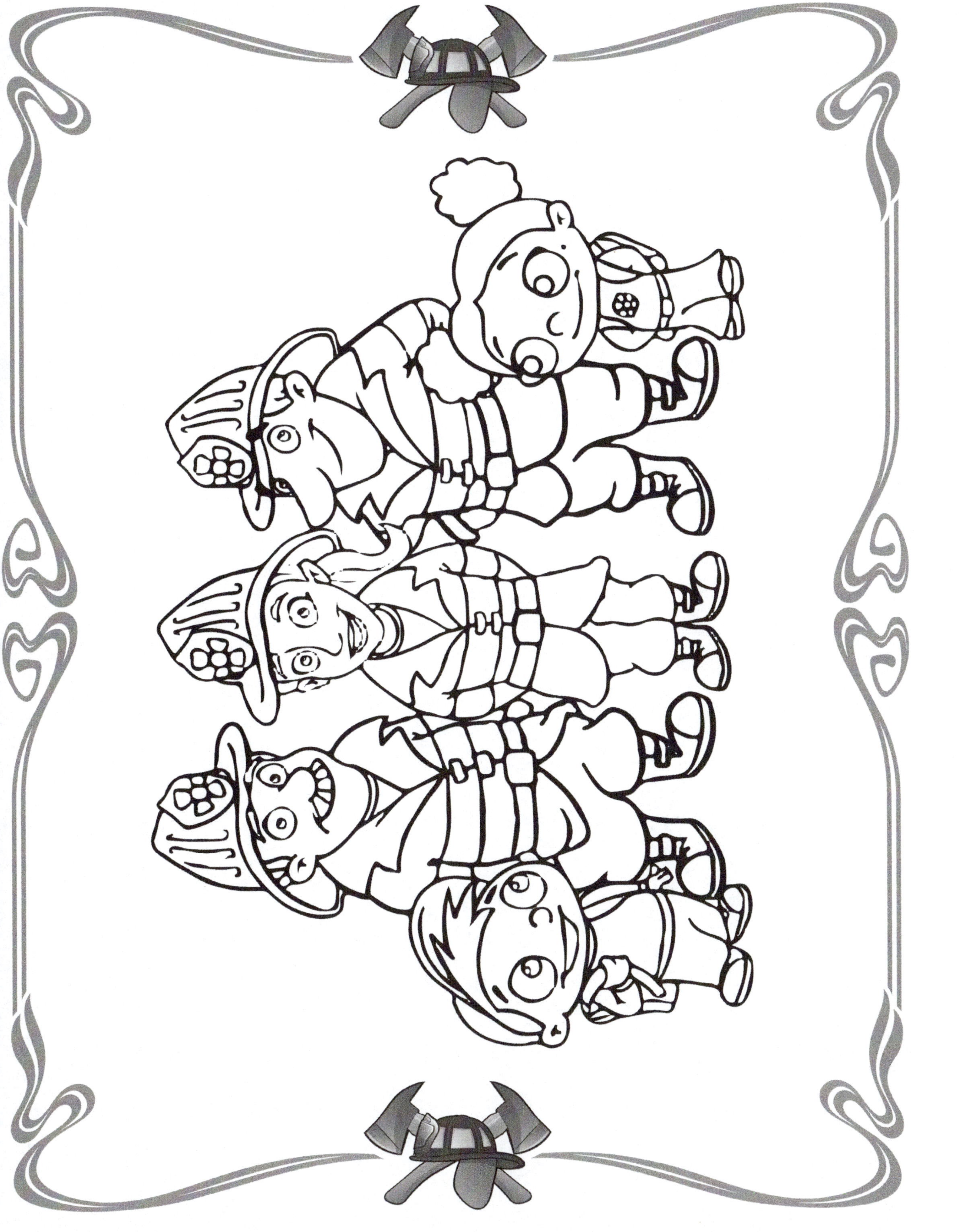

Made in the USA
Monee, IL
07 July 2026

56547385R00037